# लाल किताब

## ज्योतिष की सम्पूर्ण मार्गदर्शिका

डॉ. दीपक सिंगला

ISBN

Paperback 979-8-89519-808-7
Hardcase 979-8-89724-755-4

# मित्र शत्रु की पहचान कैसे करें?

मित्र किसको बनाएं, शत्रु कौन हो सकता है? इसकी पहचान करना आज बहुत मुशिकल हो गया है। मनुष्य जब संसार में आया है, तो उसे मित्रों सम्बन्धियों, रिशतेदारों, पास- पड़ौसी तथा उसके काम आने वाले व्यक्तियों की भी आवश्यकता है और यदि कोई व्यक्ति उद्योगपति है तो उसे नौकरों की आवश्यकता है, पति-पत्नि की आवश्यकता, परिवार में कौन तुम्हारे काम आ सकता है और कौन तुम्हारा शत्रु हो सकता है, इसकी पहचान हम निम्न सारणी तथा उसके तरीके को समझकर कर सकते हैं।

| वर्गांक | नाम वर्ग | वर्गों के अक्षर | | | | | अक्षरों के गुणाक अंक |
|---|---|---|---|---|---|---|---|
| 1. | गरुड़ | अ | इ | उ | ए | - | 8 |
| 2. | बिलाव | क | ख | ग | घ | - | 5 |
| 3. | सिंह | च | छ | ज | झ | - | 6 |
| 4. | स्वान | ट | ठ | ड | ढ | ण | 7 |
| 5. | सर्प | त | थ | द | ध | न | 7 |
| 6. | मृग | य | र | ल | व | - | 1 |
| 7. | मृग | य | र | ल | व | - | 3 |
| 8. | मेंढा | श | ष | स | ह | - | 0 |

**उपरोक्त सारणी से-** यदि किसी व्यक्ति का पहला अक्षर च है तो उसका वर्ग "सिंह" होगा, यानि उसके स्वभाव में 'शेर' जैसा

व्यवहार होगा। और इस वर्ग के चारों अक्षरों का गुणाक अंक 6 होगा। इसी प्रकार अन्य अक्षर और वर्गों को जाना जा सकता है।अब हम यह जानने की कोशिश करते हैं कि कौन हमारा मित्र और कौन हमारा शत्रुहै। इसके लिए हम अमुक व्यक्ति के नाम का पहला अक्षर तथा अपने नाम का पहलाअक्षर लेकर सारणी में उसके वर्गों को अलग-अलग रखकर दो गुना कर, प्रत्येक में एक-दूसरे का वर्गाक जोड़ कर आठ का भाग देगे। शेष बचने पर पता चल जाएगा कि अमुक व्यक्ति हमारे लिए कैसा होगा। शेष यदि अपने शेषफल से दूसरे के शेषजल अधिक है त्तो उस व्यक्ति से आपकी मित्रता तो हो सकती है, परन्तु इसमें वह आपक अधिक साथ नहीं दे सकता, यदि आपका शेषफल अमुक व्यक्ति से कम है, तो मित्रता बिल्कुल नहीं करनी चाहिए और यदि दोनों का शेषफल सम (बराबर) हैं, तो मित्रता अच्छी रहेगी। इस क्रिया को निम्नलिखित एक उदाहरण द्वारा भी समझा जा सकता है।

उदाहरण-यदि आपके नाम का पहला अक्षर 'त', और अमुक व्यक्ति के नाम का पहला अक्षर "न" है, तब सर्वप्रथम हम यह देखेंगे कि सारणी में हमारे नाम के अक्षर का वर्गाक क्या है, और अमुक व्यक्ति के नाम के अक्षर का वर्गाक क्या है?

सारणी से पता चलता है कि अक्षर 'त' का वर्गाक पाँच (5) अक्षर "न' का वर्गाक भी पाँच (5) है, तब उक्त बताए गए तरीके के अनुसार हम अपने तथा अमुक व्यक्ति का वर्गाकों को अलग- अलग लिखते हैं, और क्रिया को आगे बढ़ाते हैं-

| 'त' का वर्गांक | 'न' का वर्गांक |
|---|---|
| 5X2=10 | 5X2=10 |

अब, इन दोनों के गुणनफल में परस्पर एक-दूसरे का वर्गांक जोडत्ते हैं-

| | |
|---|---|
| 10 + 5=15 | 10 + 5=15 |

दोनो के योगफल को अलग-अलग आठ (8) से भाग करते हैं-

| | |
|---|---|
| 8) 15 (1<br>8<br>7 शेष | 8) 18 (1<br>8<br>7 शेष |

इस प्रकार हमने देखा कि दोनों के शेषफल सम (बराबर) हैं, तब यहाँ कहा जा सकता हे कि अक्षर "त" वाला व्यक्ति अक्षर "न" वाले व्यक्ति से यदि मित्रता करेगा, तो अच्छी हेगी, दोनो की मित्रता देखते ही बनेगी, ये दोनों एक-दूसरे के सुख-दुख में काम आ सकते हैं।

कुछ विद्वानों का मतह' कि यदि विवाह से पहले पति-पत्नि का यह शेषफल मिला लिया जाए तो आने वाला जीवन दुःख की कगार में जाने से बच जाए, यानि पति-पत्नि के शेषफल यदि सम (बराबर) होंकगें, तो दाम्पत्य जीवन सुखी गजरेगा और दोनों पति-पत्नि एक दूसरे के स्वभाव को समझकर अपने जीवन को चार-चाँद लगाएंगे।

**एक अन्य उदाहरण** - यदि "ब' अक्षर से प्रारम्भ होने वाले व्यक्ति को 'र' अक्षर सेआरम्भ होने वाले व्यक्ति से कोई कार्य लेना है, तब हम उपरोक्त विधि से यह जान सकते हैं कि 'र'

अक्षर वाला व्यक्ति "ब" अक्षर वाले व्यक्ति का कार्य कर सकता है, या नहीं।

विधि -

'ब' का वर्गांक -

$6 \times 2 = 12$

$12 + 7 = 19$

'र' का वर्गांक

$7 \times = 14$

$14 + 6 = 20$

अब

8) 19 (2
16
3 शेष

8) 20 (2
2
4 शेष

यहाँ "ब' का वर्गांक से कम है, तब "र' वाला व्यक्ति "ब' वाले व्यक्ति का कार्य कर देगा। इसी प्रकार आप भी इस विधि से लाभ उठा सकते हैं।

वर्ग मिलान पिछली सारणी में दिये गए वर्गों से हम किसी व्यक्ति विशेष के स्वभाव की जानकारी प्राप्त कर सकते हैं, इससे यह फायदा होगा कि यदि अमुक व्यक्ति का वर्ग प्रबल और हमारा निर्बल वर्ग है, तोअति श्रेष्ठ और यदि हमार वर्ग प्रबल हो तो कार्य सिद्ध होने में विलम्ब होगा।

यदि दोनों के वर्गों के 36 मिलान दिये जा रहे हैं; इससे आप स्वयं पता लगा सकते हैं कि कौन व्यक्ति आपके काम आ सकता है और कौन नहीं।

हैं कि कौन व्यक्ति आपके काम आ सकता है और कौन नहीं।

| वर्ग | | प्रबल | निर्बल | वर्ग | | प्रबल | निर्बल |
|---|---|---|---|---|---|---|---|
| 1 | 2 | | | 1 | 2 | | |
| गरूड़ | गरूड़ | सम | सम | गरूड़ | सिंह | गरूड़ | सिंह |
| गरूड़ | बिलाव | गरूड़ | बिलाव | गरूड़ | स्वान | बिलाव | स्वान |
| गरूड़ | सर्प | गरूड़ | सर्प | सिंह | सिंह | सम | स्म |
| गरूड़ | मूसा | गरूड़ | मूसा | स्वान | स्वान | सम | सम |
| गरूड़ | मृग | गरूड़ | मृग | स्वान | सर्प | स्वान | मूसा |
| बिलाव | सिंह | सिंह | बिलाव | स्वान | मृग | स्वान | मृग |
| बिलाव | स्वान | स्वान | बिलाव | स्वान | मेंढा | स्वान | मेंढा |
| बिलाव | सर्प | बिलाव | सर्प | सर्प | मृग | सर्प | मृग |
| बिलाव | मूसा | बिलाव | मूसा | सर्प | मूसा | सर्प | म्सा |
| बिलाव | मृग | बिलाव | मृग | सूप | सर्प | सम | सम |
| बिलाव | मेंढा | बिलाव | मेंढा | सर्प | सर्प | सम | स्म |
| बिलाव | बिलाव | सम | सम | मूसा | मूसा | सम | सम |
| सिंह | बिलाव | सिंह | बिलाव | मूसा | मृग | सम | सम |
| सिंह | स्वान | सिंह | स्वान | मूसा | मेंढा | सम | सम |
| सिंह | मूसा | सिंह | मूसा | मृग | मृग | सम | स्म |
| सिंह | मृग | सिंह | मृग | मृग | मेंढा | मेंढा | मृग |
| सिंह | मेंढा | सिंह | मेंढा | मेंढा | मेंढा | सम | सम |

## नाम राशि तथा जन्म समय जानने की विधि

प्रत्येक राशि पर चन्द्रमा दो नक्षत्र तक रहता है और प्रत्येक नक्षत्र के चार चरण होते हैं, अग्रांकित सारणी में जो अक्षरर चरणों में लिखे हैं उनसे राशि जानी जाती है। जैसे - रामसिंह के नाम का पहला अक्षर "र' है, वह सारणी में तुला राशि के सामने और चित्र नक्षत्र के तीसरे चरण में है। इससे ज्ञात हो जाता है कि रामसिंह की राशि 'तुला' है और उसका जन्मचित्रा के तीसरे

चरण में हुआ है। इस प्रकार हम अग्रांकित सारणी की सहायता से किसी भी व्यक्ति के नाम की राशि व उसके जन्म के समय के विषय में जानकारी प्राप्त कर सकते है।

राशिचक्र

| नाम राशि | नक्षत्रों के नाम व चरण | | प्रत्येक राशि |
|---|---|---|---|
| मेष | अश्वनी<br>चू,चे, चो ला | भरणी<br>ली,लू,ले, लो | कृतिका<br>अ, ०, ०, ०, |
| वृष | कृतिका<br>०,इ,उ,ए | रोहिणी<br>ओ, ब, बा, बु | मृगशिरा<br>बे, वो, ०, ०, |
| मिथुन | मृगशिरा<br>०, ०, का, की | आर्द्रा<br>कु, घ, ङ, छ | पुनर्वसु<br>के, को, ह |
| कर्क | पुनर्वसु<br>०, ०, ०,हि | पुष्य<br>हु,हे,हो डा | आश्लेषा<br>डी, डु, डे डी |
| सिंह | मघा<br>मा,मी,मू,मे | पूर्वा फाल्गुनी<br>मो,टा,टी,टू | उत्तरा फाल्गुनी<br>टे, ०, ०, ०, |
| कन्या | उत्तरा फाल्गुनी<br>०, टो,पा,पी | हस्त<br>पू, ष,ण,ठ | चित्रा<br>पे, पो, ०, ०, |
| तुला | चित्रा<br>०, ०, रा, री | स्वाति<br>रू, रे, रो, ता | विशाखा<br>ती, तू, ते, ०, |
| वृश्चिक | विशाखा<br>०, ०, ०, तो | अनुराधा<br>न, नि, नु, ने | ज्येष्ठा<br>नो, या, यि, यु |
| धनु | मूल<br>ये, यी, भि, भी | पूर्वाषाढ़ा<br>भू, ध, फ, ढ़ | उत्तराषाढ़ा<br>भे, ०, ०, ०, |
| मकर | उत्तराषाढ़ा<br>०, भो, जा, जी | अभिजित श्रवण<br>जू, जे खी, खू<br>जो, खा खे, खो | धनिष्ठा<br>गा, गी, ०, ०, |
| कुम्भ | धनिष्ठा<br>०, ०, गू, गे | शतभिषा<br>गो, स, सि, सु | पूर्वा भाद्रपद<br>से, सो, द, ०, |
| मीन | पूर्वा भाद्रपद<br>०, ०, ०,दी | उत्तरा भाद्रपद<br>दु, थ, झ, भ | रेवती<br>दे, दो, च, ची |

## लाल किताब का मूल आधार

संसार के अनेक विद्वानों ने लाल किताब को यद्यपि ज्योतिष विषय की पुस्तक ही माना है, परन्तु भारतीय ज्योतिर्विदों का मानना है कि इसमें रतीय ज्योतिष से हटकर भी कुछ भिन्नताएं है। जैसे - भारतीय ज्योतिष में कुण्डली में लगन के अंक को केई महत्व नहीं दिया गया है और लाल किताब के रचयिता ने लग्न में आने वाली राशियों के स्थान पर उन ग्रहों की राशियों की उपस्थिति को महत्त दी है, जो उन भावों के कारकों की हैं।

लाल किताब के रचियता ने पहले भाव को सूर्य का पक्का भाव माना है, दूसरे भाव को गुरू का, तीसरे भाव को मंगल का, चौथे को चन्द्रमा का, पाँचवें को गुरू (बृहस्पति) का, छठे को केतु का, सातवें को शुक्र और बुध का, आठवें को मंगल और शनि का, नौवें को गुरू का, दसवें को शनि का, ग्यारहवें को गुरू का और बारहवों को राहु का पक्का भाव माना है।

इसी प्रकार फलादेश करने के लिय ह मान लिया जाता है कि प्रत्येक कुण्डली में, चाहे उसकी लग्न कुछ भी हो, पहले भाव में मेष, दूसरे में वृष, तीसरे में मिथुन, चौथे में कर्क, पाँचवे में सिंह, छठे में कन्या, सातवें में तुला, आठवें में वृश्चिक, नौवें में धनु, दसवें में मकर, ग्यारहवें में कुम्भ तथा बारहवें में मीन राशि माना है। यदि हम इनकी सारणी बनाना चाहें तो निम्न प्रकार बन सकती है-

| क्र. सं. | भाव (लग्न) | ग्रह | राशियाँ |
|---|---|---|---|
| 1. | पहला भाव | सूर्य | मेष |
| 2. | दूसरा भाव | बृहस्पति (गुरू) | वृष |
| 3. | तीसरा भाव | मंगल | मिथुन |
| 4. | चौथा भाव | चन्द्रमा | कर्क |
| 5. | पाँचवां भाव | बृहस्पति (गुरु) | सिंह |
| 6. | छठा भाव | केतु | कन्या |
| 7. | सतवां भाव | शुक्र/बुध | तुला |
| 8. | आठवां भाव | मंगल/शनि | वृश्चिक |
| 9. | नौवां भाव | बृहस्पति (गुरू) | धनु |
| 10. | दसवां भाव | शनि | म्कर |
| 11. | ग्यारहवां भाव | बृहस्पति (गुरू) | कुंभ |
| 12. | बरहवां भाव | राहु | मान |

लाल किताब के अनुसार हमारे सौर मण्डल में नौ ग्रह भ्र-मणशील हैं। इनके भ्रमण मात्र में ही

शुभाशुभ फल की प्राप्ति सम्भव है, जिनको निम्न तत्वों के प्रतीकों से सम्बोधित किया गया

हे

1. सूर्य प्रकाश
2. चन्द्र धरती
3. मंगल पुच्छल तारा ( दुमदार तारा)
4. बुध विस्तार एवं व्यापकता

5. बृहस्पति (गुरू) हवा

6. शुक्र पाताल

7. शनि अन्धकार

8. राहु बुध का सहयोगी (आकाश)

9. केतु शुक्र का सहयोगी (पाताल)

जब शिशु उत्पन्न होता है तो उसके दोनों हाथों की मुद्ठियाँ बन्द होती हैं, जिनमेंउस नवजा त शिशु का भाग्य बन्द रहता है। उसके इस भाग्य को कोई नहीं बदल सकता। यदि इसे कोई बदलना भी चाहता है तो उसे अपने प्राणों की बलि देनी पड़ती है। यहाँ बताया गया है कि अपने भ्रमण में समय सभी ग्रह व्यक्ति के जीवन पर शुभाशुभ प्रभाव डालते हैं। इस प्रभाव के दो प्रकार का बताया गया है- निश्चित प्रभाव व संदिग्ध प्रभाव। निश्चित प्रभाव भाग्य का सूचक व अटल होता है। इस प्रभाव को जन्म कुण्डलीह के द्वारा जाना जा सकता है।

संदिग्ध प्रभाव अटल नहीं होता और इसे सम्यक् उपायों द्वारा दूर किया जा सकता है। लाल किताब के उपायों का सम्यक् प्रयो करने से निश्चित ही लाभ होता है। कुण्डली में स्थित युति, दृष्टि आदि के आधार पर ग्रह अपना शुभशुभ फल देते हैं। ग्रहों की अशुभता से अनिष्ट होते हैं। ग्रहों की इस अशुभता से होने वाले अनिष्टों का निवारण ही “लाल किताब” का मूल आधार माना गया है। इसको जानने की लिए कुण्डली का जानना आवश्यक है।

## कुण्डली -निर्माण

किसी व्यक्ति के भविषय का ज्ञान प्राप्त करने के लिए उसकी जन्म कुण्डली के आधार बनाया जाता है। लाल किताब में जन्म कुण्डली बनाने की दो विधियाँ बताई गयीं हैं-

1. हाथ की रेखाओं, चिन्हों आदि को आधार मानकर।
2. ज्योतिष शस्त्र के आधार पर बनी हुई जन्म - कुण्डली में संशोधन करके।
3. लाल किताब के अनुसार व्यक्ति के हाथ की हथेली का बारह भाव, बारह राशियाँ और नो ग्रह होते हैं, जिनसे उसकी जन्म - कुण्डली का पूर्ण ज्ञान हो जाता है।

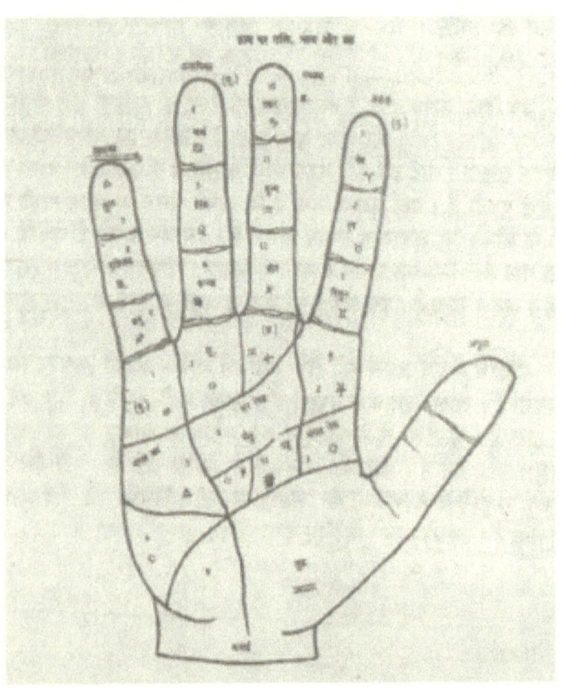

यहाँ अंगुलियों पर | से ||2 तक के अंक राशियों के, हथेली पर | से 72 तक के अंक भावों में जिन ग्रहों में नाम दिये गये हैं वे इन भावों के कारक हैं। जन्म -काल के अनुसार ग्रहों के स्थान बदल जाते हैं। इसे पीछे (पृष्ठ 4 पर) दिए हुए चित्रानुसार समझा जा सकता है। 2. ज्योतिष शास्त्र के आधार पर बनी जन्म-कुण्डली में संशोधन करके फल-कथन के योग्य बनाने के लिए लाल किताब में कुछ निम्नांकिकत तथ्य दिये गये हैं। जैसे - कुण्डली के

खानों में से राशियों के अंक मिटा देना, ग्रह स्थिति ज्यों की त्यों रहने देना, कुण्डली के पहले भाव में मेष राशि, दूसरे में वृष, तीसरे में मिथुन... इसी प्रकार बारहवें भाव में मीन राशि तक मानना, कुण्डली में लग्न से आरम्भ करके सभी भावों में |, 2, 3 के क्रम से 2 तक के अंक लिखना।

राशियों के अंक भी वही होते हैं जो भावों के दिये गये हैं।

इसको हम उदाहरण द्वारा भी समझ सकते हैं- मान लीजिए किसी व्यक्ति का जन्म 07-06 -1985 को हुआ है। तब शास्त्रीय ज्योतिष के अनुसार उसकी जन्म कुण्डली इस प्रकार अग्रांकित बनेगी।

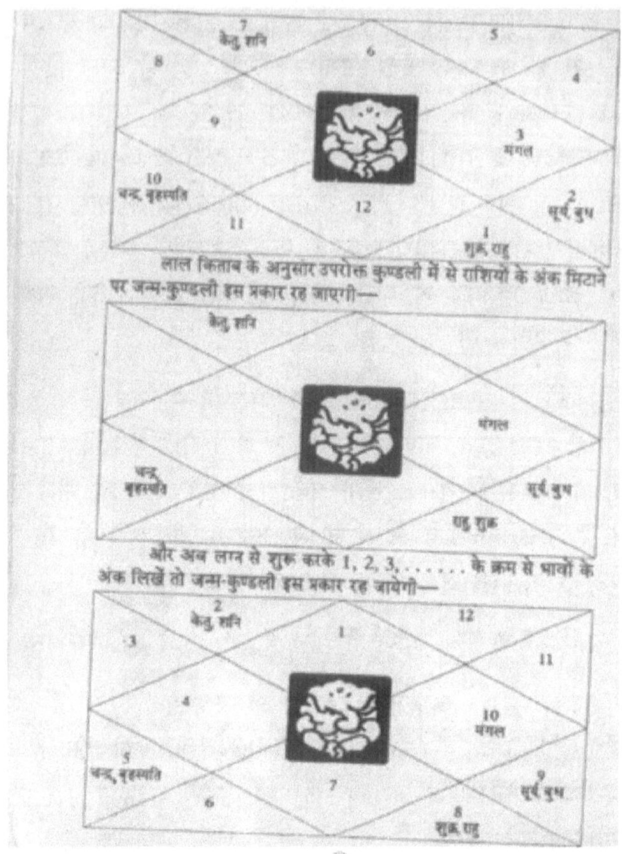


लाल किताब के अनुसार उपरोक्त कुण्डली में से राशियों के अंक मिटाने पर जन्म-कुण्डली इस प्रकार रह जाएगी—



और अब लग्न से शुरू करके 1, 2, 3, . . . . . . के क्रम से भावों के अंक लिखें तो जन्म-कुण्डली इस प्रकार रह जायेगी—



उपरोक्त कुण्डली में । से 2 तक के अंक भावों के अंक हैं। नीचे भावों के स्वामी ग्रह और कारक ग्रह दिये जा रहे हैं-

| भाव अंक | स्वामी ग्रह | कारक ग्रह | भाव अंक | स्वामी ग्रह | कारक ग्रह |
|---|---|---|---|---|---|
| 1 | मंगल | सूर्य | 7 | शुक्र | शुक्र, बुध |
| 2 | शुक्र | गुरु | 8 | मंगल | शनि, मं. चन्द्र |
| 3 | बुध | मंगल | 9 | गुरु | गुरु |
| 4 | चन्द्र | चन्द्र | 10 | शनि | शनि |
| 5 | सूर्य | गुरु | 11 | शनि | गुरु |
| 6 | बुध | केतु | 12 | गुरु | राहु |

ग्रहों का शुभाशुभ फल इस कुण्डली के आधार पर देखा जाता है। कुण्डली-निर्माण के लिए हम निम्न सारणी की सहायता लेकर किसी भी दिन, मास, वर्ष आदि की कुण्डली तैयार कर सकते हैं।-

# बर्ष कुंडली निर्माण सारणी

| आयु | जन्म-कुण्डली के भाव | | | | | | | | | | | |
|---|---|---|---|---|---|---|---|---|---|---|---|---|
| वर्ष | 1 | 2 | 3 | 4 | 5 | 6 | 7 | 8 | 9 | 10 | 11 | 12 |
| 1व | 1 | 9 | 10 | 3 | 5 | 2 | 11 | 7 | 6 | 12 | 4 | 8 |
| 2व | 4 | 1 | 12 | 9 | 3 | 7 | 5 | 6 | 2 | 8 | 10 | 11 |
| 3व | 9 | 4 | 1 | 2 | 8 | 3 | 10 | 5 | 7 | 11 | 12 | 6 |
| 4व | 3 | 8 | 4 | 1 | 10 | 9 | 6 | 11 | 5 | 7 | 2 | 12 |
| 5व | 11 | 3 | 8 | 4 | 1 | 5 | 9 | 2 | 12 | 6 | 7 | 10 |
| 6व | 5 | 12 | 3 | 8 | 4 | 11 | 2 | 9 | 1 | 10 | 6 | 7 |
| 7व | 7 | 6 | 9 | 5 | 12 | 4 | 1 | 10 | 11 | 2 | 8 | 3 |
| 8व | 2 | 7 | 6 | 12 | 9 | 10 | 3 | 1 | 8 | 5 | 11 | 4 |
| 9व | 12 | 2 | 7 | 6 | 11 | 1 | 8 | 4 | 10 | 3 | 5 | 9 |
| 10व | 10 | 11 | 2 | 7 | 6 | 12 | 4 | 8 | 3 | 1 | 9 | 5 |
| 11व | 8 | 5 | 11 | 10 | 7 | 6 | 12 | 3 | 9 | 4 | 1 | 2 |
| 12व | 6 | 10 | 5 | 11 | 2 | 8 | 7 | 12 | 4 | 9 | 3 | 1 |
| 13व | 1 | 5 | 11 | 8 | 10 | 6 | 7 | 2 | 12 | 3 | 9 | 4 |
| 14व | 4 | 1 | 3 | 2 | 5 | 6 | 8 | 11 | 6 | 12 | 10 | 9 |
| 15व | 9 | 4 | 1 | 6 | 8 | 5 | 2 | 7 | 11 | 10 | 12 | 3 |
| 16व | 3 | 9 | 4 | 1 | 12 | 8 | 6 | 5 | 2 | 7 | 11 | 10 |
| 17व | 11 | 3 | 9 | 4 | 1 | 10 | 5 | 6 | 7 | 8 | 2 | 12 |
| 18व | 5 | 11 | 6 | 9 | 4 | 1 | 12 | 8 | 10 | 2 | 3 | 7 |
| 19व | 7 | 10 | 11 | 3 | 9 | 4 | 1 | 12 | 8 | 5 | 6 | 2 |
| 20व | 2 | 7 | 5 | 12 | 3 | 9 | 10 | 1 | 4 | 6 | 8 | 11 |
| 21व | 12 | 2 | 8 | 5 | 10 | 3 | 9 | 4 | 1 | 11 | 7 | 6 |

| 22प | 10 | 12 | 2 | 7 | 6 | 11 | 3 | 9 | 5 | 1 | 4 | 8 |
|---|---|---|---|---|---|---|---|---|---|---|---|---|
| 23प | 8 | 6 | 12 | 10 | 7 | 2 | 11 | 3 | 9 | 4 | 1 | 5 |
| 24प | 6 | 8 | 7 | 11 | 2 | 12 | 4 | 10 | 3 | 9 | 5 | 1 |
| 25प | 1 | 6 | 10 | 3 | 2 | 8 | 7 | 4 | 11 | 5 | 12 | 9 |
| 26प | 4 | 1 | 3 | 8 | 6 | 7 | 2 | 11 | 12 | 9 | 5 | 10 |
| 27प | 9 | 4 | 1 | 5 | 10 | 11 | 12 | 7 | 6 | 8 | 2 | 3 |
| 28प | 3 | 9 | 4 | 1 | 11 | 5 | 6 | 8 | 7 | 2 | 10 | 12 |
| 29प | 11 | 3 | 9 | 4 | 1 | 6 | 8 | 2 | 10 | 12 | 7 | 5 |
| 30प | 5 | 11 | 8 | 9 | 4 | 1 | 3 | 12 | 2 | 10 | 6 | 7 |
| 31प | 7 | 5 | 11 | 12 | 9 | 4 | 1 | 10 | 8 | 6 | 3 | 2 |
| 32प | 2 | 7 | 5 | 11 | 3 | 12 | 10 | 6 | 4 | 1 | 9 | 8 |
| 33प | 12 | 2 | 6 | 10 | 8 | 3 | 9 | 1 | 5 | 7 | 4 | 11 |
| 34प | 10 | 12 | 2 | 7 | 5 | 9 | 11 | 3 | 1 | 4 | 8 | 6 |
| 35प | 8 | 10 | 12 | 6 | 7 | 2 | 4 | 5 | 9 | 3 | 11 | 1 |
| 36प | 6 | 8 | 7 | 2 | 12 | 10 | 5 | 9 | 3 | 11 | 1 | 4 |
| 37प | 1 | 3 | 10 | 6 | 9 | 12 | 7 | 5 | 11 | 2 | 4 | 3 |
| 38प | 4 | 1 | 3 | 8 | 6 | 5 | 2 | 7 | 12 | 10 | 11 | 9 |
| 39प | 9 | 4 | 1 | 12 | 8 | 2 | 10 | 11 | 6 | 3 | 5 | 7 |
| 40प | 3 | 9 | 5 | 1 | 11 | 8 | 6 | 12 | 2 | 5 | 7 | 10 |

| 41वें | 11 | 7 | 9 | 4 | 1 | 6 | 8 | 2 | 10 | 12 | 3 | 5 |
|---|---|---|---|---|---|---|---|---|---|---|---|---|
| 42वें | 5 | 11 | 8 | 9 | 12 | 1 | 3 | 4 | 7 | 6 | 10 | 2 |
| 43वें | 7 | 5 | 11 | 2 | 3 | 4 | 1 | 10 | 8 | 9 | 12 | 6 |
| 44वें | 2 | 10 | 5 | 3 | 4 | 9 | 12 | 8 | 1 | 7 | 6 | 11 |
| 45वें | 12 | 2 | 6 | 5 | 10 | 7 | 9 | 1 | 3 | 11 | 8 | 4 |
| 46वें | 10 | 12 | 2 | 7 | 5 | 3 | 11 | 6 | 4 | 8 | 9 | 1 |
| 47वें | 8 | 6 | 12 | 10 | 7 | 11 | 4 | 9 | 5 | 1 | 2 | 3 |
| 48वें | 6 | 8 | 7 | 11 | 12 | 10 | 5 | 3 | 9 | 4 | 1 | 4 |
| 49वें | 1 | 7 | 10 | 6 | 12 | 2 | 8 | 4 | 11 | 9 | 3 | 5 |
| 50वें | 4 | 1 | 8 | 3 | 6 | 12 | 5 | 11 | 2 | 7 | 10 | 9 |
| 51वें | 9 | 4 | 1 | 2 | 8 | 3 | 12 | 6 | 7 | 10 | 5 | 11 |
| 52वें | 3 | 9 | 4 | 1 | 11 | 7 | 2 | 12 | 5 | 8 | 6 | 10 |
| 53वें | 11 | 10 | 7 | 4 | 6 | 6 | 3 | 9 | 12 | 5 | 8 | 2 |
| 54वें | 5 | 11 | 3 | 9 | 1 | 1 | 6 | 2 | 10 | 12 | 7 | 8 |
| 55वें | 7 | 5 | 11 | 8 | 3 | 9 | 1 | 10 | 6 | 4 | 2 | 12 |
| 56वें | 2 | 3 | 5 | 11 | 9 | 4 | 10 | 1 | 8 | 6 | 12 | 7 |
| 57वें | 12 | 2 | 6 | 5 | 10 | 8 | 9 | 7 | 4 | 11 | 1 | 3 |
| 58वें | 10 | 12 | 2 | 7 | 5 | 11 | 4 | 8 | 3 | 1 | 9 | 6 |
| 59वें | 8 | 6 | 12 | 10 | 7 | 5 | 11 | 3 | 9 | 2 | 4 | 1 |

| | | | | | | | | | | | | |
|---|---|---|---|---|---|---|---|---|---|---|---|---|
| 60वाँ | 6 | 8 | 9 | 12 | 1 | 10 | 7 | 5 | 1 | 3 | 11 | 4 |
| 61वाँ | 1 | 11 | 10 | 6 | 12 | 2 | 4 | 7 | 4 | 9 | 5 | 3 |
| 62वाँ | 4 | 1 | 6 | 8 | 3 | 12 | 2 | 10 | 9 | 5 | 7 | 1 |
| 63वाँ | 9 | 4 | 1 | 2 | 8 | 6 | 12 | 11 | 7 | 3 | 10 | 5 |
| 64वाँ | 3 | 9 | 4 | 1 | 6 | 8 | 7 | 12 | 5 | 2 | 11 | 10 |
| 65वाँ | 11 | 2 | 9 | 4 | 1 | 5 | 8 | 3 | 10 | 12 | 6 | 7 |
| 66वाँ | 5 | 10 | 3 | 9 | 2 | 1 | 6 | 8 | 11 | 7 | 12 | 4 |
| 67वाँ | 7 | 5 | 11 | 3 | 10 | 4 | 1 | 9 | 12 | 6 | 8 | 2 |
| 68वाँ | 2 | 3 | 5 | 11 | 3 | 10 | 4 | 1 | 9 | 12 | 6 | 8 |
| 69वाँ | 12 | 2 | 7 | 5 | 3 | 11 | 6 | 4 | 8 | 9 | 1 | 12 |
| 70वाँ | 6 | 12 | 10 | 7 | 11 | 4 | 9 | 5 | 1 | 2 | 3 | 6 |
| 71वाँ | 8 | 7 | 11 | 12 | 10 | 5 | 3 | 9 | 4 | 1 | 4 | 8 |
| 72वाँ | 7 | 10 | 6 | 12 | 2 | 8 | 4 | 11 | 9 | 3 | 5 | 7 |
| 73वाँ | 1 | 8 | 3 | 6 | 12 | 5 | 11 | 2 | 7 | 10 | 9 | 1 |
| 74वाँ | 4 | 1 | 2 | 8 | 3 | 12 | 6 | 7 | 10 | 5 | 11 | 4 |
| 75वाँ | 9 | 4 | 1 | 11 | 7 | 2 | 12 | 5 | 8 | 6 | 10 | 9 |
| 76वाँ | 10 | 7 | 4 | 6 | 6 | 3 | 9 | 12 | 5 | 8 | 2 | 10 |
| 77वाँ | 11 | 3 | 9 | 1 | 1 | 6 | 2 | 10 | 12 | 7 | 8 | 11 |
| 78वाँ | 5 | 11 | 8 | 3 | 9 | 1 | 10 | 6 | 4 | 2 | 12 | 5 |

| 79प | 3 | 5 | 11 | 9 | 4 | 10 | 1 | 8 | 6 | 12 | 7 | 3 |
|---|---|---|---|---|---|---|---|---|---|---|---|---|
| 80प | 10 | 12 | 2 | 7 | 6 | 11 | 3 | 9 | 5 | 1 | 4 | 8 |
| 81प | 8 | 6 | 12 | 10 | 7 | 2 | 11 | 3 | 9 | 4 | 1 | 5 |
| 82प | 6 | 8 | 7 | 11 | 2 | 12 | 4 | 10 | 3 | 9 | 5 | 1 |
| 83प | 1 | 6 | 10 | 3 | 2 | 8 | 7 | 4 | 11 | 5 | 12 | 9 |
| 84प | 4 | 1 | 3 | 8 | 6 | 7 | 2 | 11 | 12 | 9 | 5 | 10 |
| 85प | 9 | 4 | 1 | 5 | 10 | 11 | 12 | 7 | 6 | 8 | 2 | 3 |
| 86प | 3 | 9 | 4 | 1 | 11 | 5 | 6 | 8 | 7 | 2 | 10 | 12 |
| 87प | 11 | 3 | 9 | 4 | 1 | 6 | 8 | 2 | 10 | 12 | 7 | 5 |
| 88प | 5 | 11 | 8 | 9 | 4 | 1 | 3 | 12 | 2 | 10 | 6 | 7 |
| 89प | 7 | 5 | 11 | 12 | 9 | 4 | 1 | 10 | 8 | 6 | 3 | 2 |
| 90प | 2 | 7 | 5 | 11 | 3 | 12 | 10 | 6 | 4 | 1 | 9 | 8 |
| 91प | 11 | 2 | 9 | 4 | 1 | 5 | 8 | 3 | 10 | 12 | 6 | 7 |
| 92प | 5 | 10 | 3 | 9 | 2 | 1 | 6 | 8 | 11 | 7 | 12 | 4 |
| 93प | 7 | 5 | 11 | 3 | 10 | 4 | 1 | 9 | 12 | 6 | 8 | 2 |
| 94प | 2 | 3 | 5 | 11 | 3 | 10 | 4 | 1 | 9 | 12 | 6 | 8 |
| 95प | 12 | 2 | 7 | 5 | 3 | 11 | 6 | 4 | 8 | 9 | 1 | 12 |
| 96प | 6 | 12 | 10 | 7 | 11 | 4 | 9 | 5 | 1 | 2 | 3 | 6 |
| 97प | 8 | 7 | 11 | 12 | 10 | 5 | 3 | 9 | 4 | 1 | 4 | 8 |

| | | | | | | | | | | | | |
|---|---|---|---|---|---|---|---|---|---|---|---|---|
| 98प | 7 | 10 | 6 | 12 | 2 | 8 | 4 | 11 | 9 | 3 | 5 | 7 |
| 99प | 1 | 8 | 3 . | 6 | 12 | 5 | 11 | 2 | 7 | 10 | 9 | 1 |
| 100प | 4 | 1 | 2 | 8 | 3 | 12 | 6 | 7 | 10 | 5 | 11 | 4 |
| 101प | 9 | 4 | 1 | 11 | 7 | 2 | 12 | 5 | 8 | 6 | 10 | 9 |
| 102प | 10 | 7 | 4 | 6 | 6 | 3 | 9 | 12 | 5 | 8 | 2 | 10 |
| 103प | 11 | 3 | 9 | 1 | 1 | 6 | 2 | 10 | 12 | 7 | 8 | 11 |
| 104प | 5 | 11 | 8 | 3 | 9 | 1 | 10 | 6 | 4 | 2 | 12 | 5 |
| 105प | 11 | 2 | 9 | 4 | 1 | 5 | 8 | 3 | 10 | 12 | 6 | 7 |
| 106प | 5 | 10 | 3 | 9 | 2 | 1 | 6 | 8 | 11 | 7 | 12 | 4 |
| 107प | 11 | 2 | 9 | 4 | 1 | 5 | 8 | 3 | 10 | 12 | 6 | 7 |
| 108प | 5 | 10 | 3 | 9 | 2 | 1 | 6 | 8 | 11 | 7 | 12 | 4 |
| 109प | 7 | 5 | 11 | 3 | 10 | 4 | 1 | 9 | 12 | 6 | 8 | 2 |
| 110प | 2 | 3 | 5 | 11 | 3 | 10 | 4 | 1 | 9 | 12 | 6 | 8 |

## चन्द्र कुण्डली बनाना

साधारण ज्योतिष के अनुसार - चन्द्रमा जिस राशि में होता है वही मनुष्य की जन्म राशिमानी जाती है। निम्न चित्र स्पष्ट है।

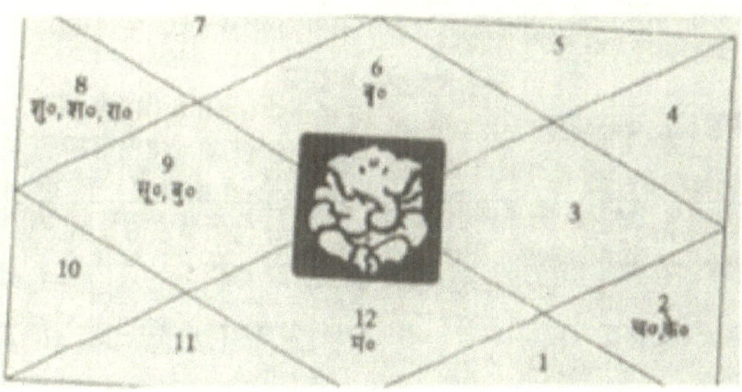


यदि इससे पहले भाव में रखा जाये और जन्म कुण्डली के अनुसार ग्रहों की स्थापना की जाए तो यही जन्म कुण्डली चन्द्र कुण्डली में परिवर्तित हो जाएगी। इस प्रकार बनी कुण्डली में पहले भाव में लग्न की राशि लिखकरी कुण्डली बना ली जाती है।

**लाल किताब के अनुसार-** उपरोक्त विधि से जो कुण्डली तैयार हुई उसमें लग्न के अंक लिखकर यह माना जाता है कि मेष राशि किस भाव में स्थित है। यह जानने के पश्चात् मेष राशि को पहले भाव में स्थापित करते हैं और कुण्डली पूरी कर लेते हैं। यह भी निम्न चित्र स्पष्ट हो जाता है।

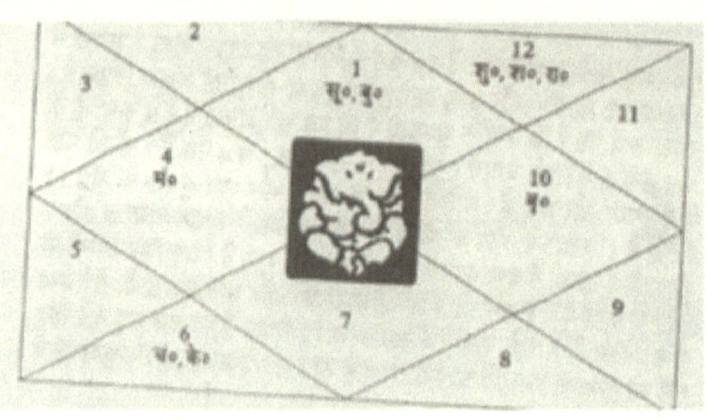


इस कुण्डली से मनुष्य का भविष्यकाल सामान्य ज्योत्तिष के अनुसार बनी जन्म कुण्डलीद के अनुसार देखा जाएगा।

स्मरणीय - ध्यान रखें कि केवल एक ही ग्रह के आधार पर मनुष्य का भविष्य कथन नहीं करना चाहिए।

## वर्ष कुण्डली बनाना

मान लीजिए हमें उस व्यक्ति की वर्ष कुण्डली बनानी है, जिसकी आयु इस समय 39 वर्ष हो ची है और वह अपने 40वें वर्ष की कुण्डली बनवाना चाहता है। या वह अपना 40वें वर्ष का वर्षफल देखना चाहता है। तब हमें सारणी पर जाना होगा और उसके आयु वाले कॉलम (ऊपर से नीचे) में 40 का अंक देखना होगा। इसके पश्चात निम्न कुण्डली को देखेंगे।

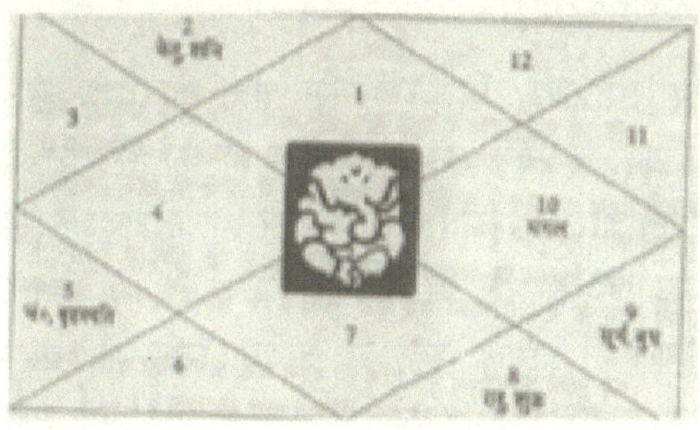


इसके पहले भाव (लग्न) में कोई ग्रह नहीं है। यह ज्यों त्यों रहने देंगे। दूसरे भाव में केतु और शनि हैं। अब पुनः सारणी को देखना होगा। सारणी में भाव अंक 2 के नीचे और आयु वाले कॉलम में 40 के सामने अंक 9 लिखा है। इसका अर्थ यह है कि उपरोक्त कुण्डली में जो ग्रह भाव अंक 2 में हैं वे कुण्डली के भाव अंक 5 में लिखे जाएंगे। कुण्डली में भाव अंक 3 व 4 रिक्त हैं। पाचवें भाव में ब्रहस्पति और चन्द्र हैं। सारणी में 40 के सामने और भाव अंक 5 के नीचे ॥ लिखा है। अत: 5वें भाव के ग्रह ॥वे भाव में जाएंग।

भाव अंक 6 और 7 कुण्डल में खाली हैं तथा आठवें भाव में राहु और शुक्र हैं। अब फिर सारणी पर पहुँचना होगा और देखना होगा कि 40 के सामने और भाव अंक 8 के नीचे क्या अंक लिखा है? पता चला वहाँ भाव अंक 2 लिखा है, तब हमें राहु और केतु ग्रहों को कुण्डली के 2वं भाव में रखना होगा और खना होगा कि कुण्डली में नौंवे भाव में क्या है। इसमें सूर्य और बुधा उपस्थित हैं। सारणी देखने पर पता चलेगा कि 40 के सामने और भाव अंक 9 के नीचे 2 लिखा है, तब हमें सूर्य और बुध को कुण्डली के भाव 2 में विस्थापित करना होगा। आगे ॥ और ॥2 खाली है। अत: इन्हें ज्यों का त्यों रहने देंगे। इस प्रकार वर्षफल कुण्डली तैयार हो जाएगी।

## मास कुण्डली बनाना

इसके लिए सर्वप्रथम निम्न "मास चक्र' को देखें- इस चक्र में महीनों के अनुसार विभिन्न भावों में ग्रहों की स्थिति दी गई है। इसमें वर्ष को बारह महीनों में विभकत किया गया है। इन महीनों में सूर्य जब मेष राशि में प्रवेश करता है तो वैशाख, वृष में ज्येष्ठ, मिथुन में आषाढ़, कर्क में श्रावण, सिंह में भाद्रपद, कन्या में आश्विन, तुला में कार्तिका, वृश्चिक में मार्गशीर्ष, धनु में पौष, मकर में माघ, कुंभ में फाल्गुन और मीन में चैत्र मास होते हैं।

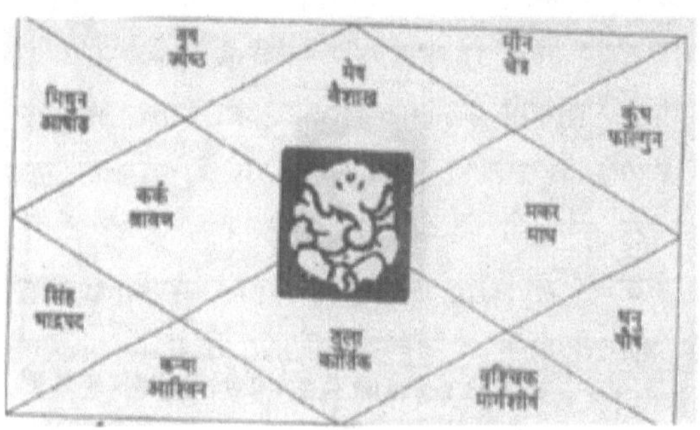


वर्ष कुण्डली की भांति मास कुण्डली बनाना भी अत्यन्त सरल है। इसके लिए केवल वर्ष कुण्डली में सूर्य का स्थान बदल दिया जाता है। और बाकी क्रिया उसी प्रकार की जाती है।

## दिन कुण्डली बनाना

लाल किताब के अनुसार प्रत्येक मास की तारीख यूँ के अंश के अनुसार कही जाती है।

उदाहरण के लिए हमें भाद्रपद मास की सत्रह तारीख का सूर्य एवं उसका अंश ज्ञात करना है। इसके लिए "मास चक्र' में देखने पर ज्ञात होगा कि भाद्रपद मास में सूर्य सिंह राशि म तथा सत्रह अंश पर स्थित हो

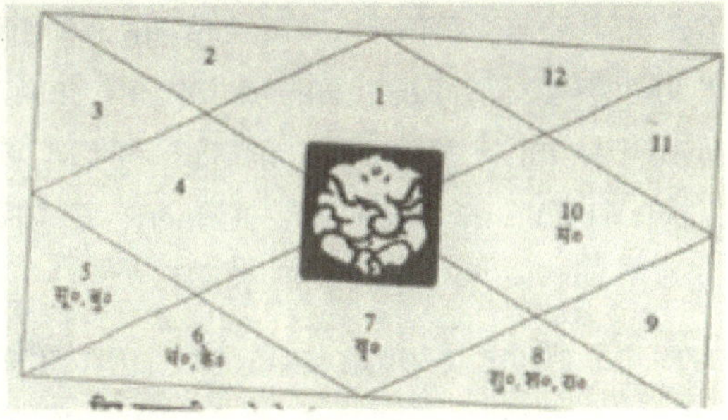


**दिन कुण्डली बनाने के लिए-** मास कुण्डली में मंगल की स्थिति देखी जाती है, फिर आगे के दिनों की गिनती करते हुए, जिस दिन की कुण्डली बनाने है, उस दिन पर मंगल को स्थापित कर दिया जाता है। इस प्रकार मंगल को घुमाकर दिन कुण्डली तैया कर दी जाती है।

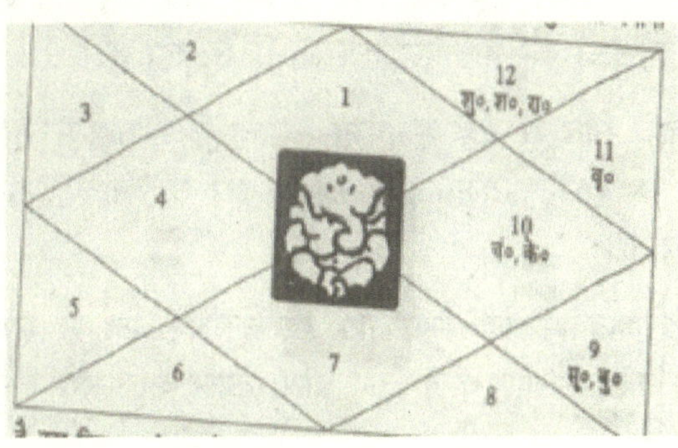


## ग्रहों से इच्छित फल

अग्र लिखित ग्रहों से इच्छित फल तथा उन्हें अभीष्ट भावों में स्थापित करने के लिए कुछ अनुभूत टोटके एवं उपाय दिये जा रहें है। इन्हें व्यवहार में लाकर इच्छित फल प्राप्त किया जा सकता है।

पहले भाव में ग्रह स्थापना- यदि काई ग्रह हमें इच्छित फल नदीं दे रहा है या वह हमारे अनिष्ट की ओर कार्यरत है, तो इसके लिए उस ग्रह से सम्बन्धित वस्तुओं का दान करना होगा अथवा उन वस्तुओं को माला की भांति गले में धारण करना होगा। इससे निश्चय ही लाभ प्राप्त होगा।

दूसरे भाव में ग्रह स्थापना-इसके लिए राशि वाले रत्न को उस ग्रह से से सम्बन्धित वस्तुओं का दान करें या उन्हें मन्दिर में रख दें।

तीसरे भाव में ग्रह स्थापना- इसके लिए राशि वाले रत्न को उस ग्रह से सम्बन्धित धातु की अंगूठी में जड़वाकर उंगली में धारण करें।

चौथें भाव में ग्रह स्थापना- इसके लिए उस ग्रह से सम्बन्धित वस्तुओं को एकत्रित कर पानी में बहा दें।

पांचवें भाव में ग्रह स्थापना- इसके लिए ग्रह से सम्बन्धित वरुओं को किसी सामाजिक संस्था अथवा शिक्षण संस्था को दान कर दें।

छठे भाव में ग्रह स्थापना- इसके लिए ग्रह से सम्बन्धित वस्तुओं को उस ग्रह वाले दिन प्रात: काल के समय किसी काए में डाल दें।

सातवें भाव में ग्रह स्थापना- किसी ग्रह को सातवें भाव में पहुंचाने के लिए उस ग्रह से सम्बन्धित वस्तुओं को जंगल में किसी वृक्ष के नीचे दबा दें।

आठवें भाव में ग्रह स्थापना- किसी ग्रह को आठवें भाव में पहुँचाने के लिए ग्रह से सम्बन्धित सभी वस्तुओं को एकत्रित करके अमावस्याक" रात को किसी श्मशान में चिता के पास गाड़ दें।

नौवें भाव में ग्रह स्थापना - इसके लिए ग्रह से सम्बन्धित सभी वस्तुओं को माला की तरह गले में धारण करें या उन्हें किसी मन्दिर में रख दें।

दसवें भाव में ग्रह स्थापना- इसके लिए ग्रह सम्बन्धित सभी वस्तुओं को चूर्ण के रूप में पीस लें और उस चूर्ण को पिता अथवा दादा के भोजन में मिलाकर उन्हें दें।

ग्यारहवें भाव में ग्रह स्थापना- इस भाव में स्थित कोइ भी ग्रह चीन नहीं ना जाता इसलिए इसके लिए काई भी उपाय या टोटके की आवश्यकता नहीं।

बरहवें भाव में ग्रह स्थापना- इसके लिए उस ग्रह सम्बन्धित सभी वस्तुओं

एकत्रित करके उन्हें प्रात: काल या संध्या काल के समय अपने घर की छत पर डाल दें।

**वर्जित टोटके एवं निवारण**

लाल किताब में कुछ ऐसे भी टोटके हैं जिनको वर्जित करार दे दिया गया है,

क्योंकि ग्रहों की कुछ स्थितियाँ ऐसी होती हैं जो कि किसी भाव में रहने पर अनिष्ट करते हैं। जैसे -

शनि पहले और बृहस्पति (गुरू) पांचवों भाव में- यदि जन्म कुण्डली में शनि पहले और बृहस्पति पांचवें भाव में स्थित हो तो इस परिस्थिति में किसी भी व्यक्ति को तांबा एवं बर्तन कदापि दान न करें।

चन्द्र चौथे और बृहस्पति (गुरू) दसवें भाव में- यदि ग्रह इस स्थिति में है तो ऐसे में किसी भी धार्मिक स्थान का निर्माण

करना उचित नहीं है। व्यक्ति किसी विवाद में फंस सकता है और किसी अभियोग में फंसकर सजा भी पा सकता है।

**गुरू सातवें भाव में-** जन्म - कुण्डली में बृहस्पति (गुरू) जब सातवें भाव में स्थित हो ता उस समय किसी भी व्यक्ति को वस्त्र दान न करें। यदि ऐसा किया गया तो व्यक्ति अत्यन्त दरिद्र हो सकता है और कठिनाईयों में घिर सकता है।

**शुक्र नौंवे भाव में-** ग्रहों की इस स्थिति में किसी बच्चे को गोद लेना वर्जित है। ऐसा करने पर समस्त परिवापर का विनाश हो सकता है।

**चन्द्रमा छठे भाव में-** यदि चन्द्रमा जन्म -कुण्डली के छठे भाव में स्थित है, तो ऐसी स्थिति में दूधा कादान नहीं करना चाहिए तथा कुँआ आदि भी नहीं बनवाना चाहिए। ऐसा होने पर पूरे परिवार पर मृत्यु संकट आ सकता है। साथ ही व्यक्ति की माता की मृत्यु भी हो सकती है।

चन्द्रमा ब्वारहवें भाव में- जन्म कुण्डली में चन्द्रमा जिस समय बारहवें भाव में स्थित हो उस समय किसी भी भिखारी को भोजन न करायें। यदि ऐसा किया गया तो व्यक्ति पर कई प्रकार की विपतियाँ आ सकती हैं और उसका परिवार नष्ट हो सकता है।

**शनि आठवें भाव में-** यदि शनि आठवें भाव में स्थित है तो ऐसे में व्यक्ति को किसी सार्वजनिक स्थान का निर्माण कदापि नहीं करना चाहिए। अन्यथा उसकी सम्पत्ति नष्ट हो सकती है।

**ग्रहों के अशुभ भाव-**

अपने भावों के अनुसार ही ग्रह व्यक्ति को शुभाशुभ फल प्रदान करते हैं। इस विषय में नीचे बताया जा रहा है।

**कुण्डली में चन्द्र-केतु की युति-**यदि जन्म-कुण्डली में चन्द्र और केतु ग्रहों

की युति हो तो व्यक्ति की माता तथा पुत्र दोनों आजीवन कष्टपूर्ण जीवन व्यतीत करेंगे और उसकी आर्थित स्थिति भी बिगाड़ी रहेगी।

**कुण्डली में गुरू छठे भाव में-** गुरू के छठे भाव में होने पर जातक का पिता जीवन भर श्वास (दमा) का रोगी रहेगा। यदि घर में सोने के आभूषण हों तो चोरी चले जाएंगे।

**शनि-चन्द्र की युति-**युदि कुण्डली में शनि-चन्द्र की युति हो तो व्यक्ति की आँखे खराब हो सकती हैं। ज्योति जाने का भय है।

सूय-युक्त युति- जन्म-कुण्डली में सूर्य- शुक्र की युति होने पर व्यक्ति का वैवाहि जीवन कष्टपूर्ण रहेगा। पत्नी से अलगाव की स्थिति तक आ सकती है। पत्नी भयानक बीमारी का शिकार होकर अकाल मृत्यु को प्राप्त हो सकती है। व्यक्ति के घर में दुःखो तथा दरिद्रता का निवास हो सकता है।

**बुध दसरे भाव में-** इस स्थिति में व्यक्ति को अपने परिवपार से झगड़ा रहेगा। विशेषकर अपने पिता से जीवन भर मतभेद रहेंगे और घर में बात-बात पर झगड़ा रहेगा।

**शुक्र दूसरे भाव में-** यदि शुक्र कुण्डली के दूसरे भाव में हो, तो व्यक्ति किसी विधिवा स्त्री के प्रेम जाल में फंस कर बर्बाद हो जाता है।

**शुक्र - केतु की युति-** यदि जन्म कुण्डली में शुक्र और केतु की युति हो रही हो तो व्यक्ति जीवन भर कुंआरा ही रहता है। अर्थात् विवाह नहीं होता और यदि होता भी है तो व्यक्ति विवाह के बाद सुखी नहीं रहता।

सूर्य छठे और बुध ग्यारहवें भाव में- ऐसा होने पर व्यक्ति को वैवाहि सुख कुछ महीने या वर्षो तक ही मिलेगा और अचानक पत्नी की मृत्यु हो जाएगी।

शनि- केतु की युति पांचवें भाव में- ऐसा होने पर व्यक्ति को सन्तान उत्पत्ति में कई की बाधांए आती हैं। व्यक्ति जीवन भर स्न्तानहीन भी रह सकता है।

**शुक्र तीसर भाव में-** ऐसा होने पर व्यक्ति यदि भवन निर्माण कराए तो गिर जाए या आर्थिक कारणों से बेचना पड़े और पुन: घ न बन सकेगा।

केतु नौवें भाव में - ऐसा होने पर व्यक्ति के ननिहाल के लोगों पर विप्ति आए और माता आजीवन रोगी बनी रहे। व्यक्ति अनेक कष्टों का सामान करेगा।

## ग्रहों का स्वरूप

ग्रह की परिभाषा- फारसी में "ग्रह" का अर्थ "गाँठ लगाना' या "जोड़ना' है यानि कुछ वस्तुओं को एक साथ मिलकर उन्हें जोड़ना ही "ग्रह" कहलाता है। लाल किताब के अनुसार वायु एवं आकाश को एक दूसरे से मिलाने वाली शक्ति "ग्रह" कहलाती है।

लाल किताब में केवल नौ ग्रहोक को ही जन्म- कुण्डली में स्थान दिया गया है।

प्लूटो, नेप्यून और यूरेनस का इसमें उल्लेख नहीं मिलता। ग्रहों के नाम और चिन्ह भी इसमें परम्परागत ही हैं।

## ग्रहों के नाम-

| मंगल | मार्स (Mars) | मिर्रीख | मंगलवार | रक्त वर्ण |
|---|---|---|---|---|
| बुध | मरकरी (Mercury) | अतारद | बुधवार | हरा |
| गुरू | जुपीटर (Jupiter) | मुश्तरी | गुरूवार | पीला |
| शुक्र | वीनस (Venus) | जुहरा | शनिवार | काला |
| शनि | सैटर्न (Saturn) | जुहेल | शनिवार | काला |
| राहु | ड्रेगन्स टेल (Dragon's Tail) | दुम्ब | रविवार का प्रात: काल | चितकबरा |

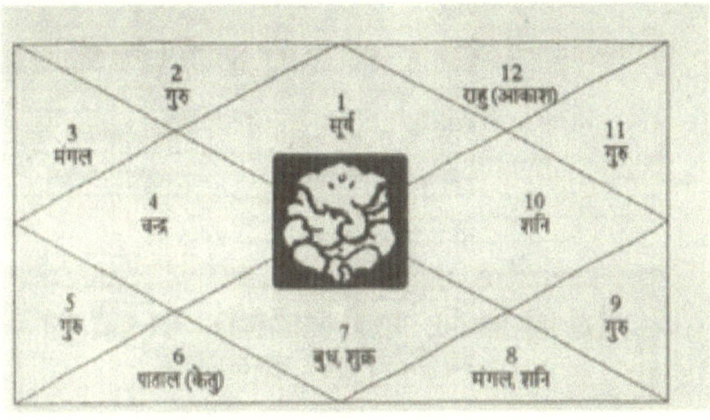


## ग्रहों का लिंग और कारक भाव-

1. स्त्री ग्रह- चन्द्र एवं शुक्रा।
2. पुरूष ग्रह- सूर्य, मंगल और गुरू।
3. नपुंसक ग्रह- बुध, शनि, राहु और केतु।

कारक भाव -मसूर्य का कारक भाव पहला, चन्द्र का चौथा, मंगल का तीसरा व आठवां,

बुधा का सातवां, गुरू का दूसरा, पाँचवां, नौवां और ग्याहर-वां, शुक्र का सातवां, शनि का

आठवां एवं दसवां, राहु का बारहवां तथा केतु का कारक भाव छठा है।

इसको आर्ग दर्शाये गये चित्र से भी समझा जा सकता है।

चित्र

## ग्रहों की आयु –

| ग्रह | साथी | ग्रह |
|---|---|---|
| सूर्य | केतु के साथ | ग्यारह वर्ष |
| | अन्य ग्रह के साथ | बाईस वर्ष |
| चन्द्र | बुध, गुरु, शुक्र एवं राहु के साथ | बरह वर्ष |
| | शनि के साथ आठ वर्ष | आठ वर्ष |
| मंगल | मंगल अशुभ होन पर | पन्द्र वर्ष |
| | अन्य ग्रह के साथ | तेरह वर्ष |
| बुध | सूर्य एवं मंगल | सत्रह वर्ष |

| | | |
|---|---|---|
| | अन्य ग्रह के साथ | |
| गुरु | किसी भी ग्रह के साथ | सोलह वर्ष |
| शुक्र | गुरु के साथ | साठ वर्ष |
| | सूर्य के साथ | चौंतीस वर्ष |
| | अन्यों ग्रहों के साथ | छतीस वर्ष |
| शनि | गुरु के साथ | अट्ठारह वर्ष |
| | अन्य ग्रहों के साथ | छतीस वर्ष |
| राहु | केतु के साथ्का | पैंतालीस वर्ष |
| | अन्य ग्रहों के साथ | बयालीस वर्ष |
| केतु | गुरु के साथ | चालीस वर्ष |
| | सूर्य अथवा मंगल के साथ | चौबीस वर्ष |
| | राहु के साथ | पैंतालीस वर्ष |
| | अन्य ग्रहों के साथ | अड़तालीस वर्ष |

## ग्रहों की स्थिति, भावों (राशियों) पर ग्रहों का स्वामित्व तथा कारकत्व

लाल किताब में राशियों को 'भाव' से सम्बोधित किया गया है, इसीलिए हाथ की अंगकुलियों को 12 पोरूवों पर 12 राशियों को स्थान प्राप्त है जैसे-मेष का भाव 1, वृष का भाव 2, मिथुन का 3, मीन का भाव 12 के क्रम से नम्बर दिये गये हैं। निम्न सारणी द्वारा इसको स्पष्ट किया जा सकता है-

| भाव (राशियाँ) | स्वामी ग्रह | कारक ग्रह | उच्च ग्रह | नीच ग्रह |
|---|---|---|---|---|
| 1. | मंगल | सूर्य | सूर्य | शनि |
| 2. | शुक्र | गुरु | चन्द्र | - |
| 3. | बुध | मंगल | राहु | केतु |
| 4. | चन्द्र | चन्द्र | गुरु | मंगल |
| 5. | सूर्य | गुरु (बृहस्पति) | - | - |
| 6. | बुध, केतु | केतु | बुध | शुक्र, केतु |
| 7. | शुक्र | शुक्र, बुध | शनि, राहु | सूर्य |
| 8. | मंगल | शनि, मंगल,चन्द्र | मंगल | चन्द्र |
| 9. | गुरु (बृहस्पति) | गुरु | केतु | राहु |
| 10. | शनि | शनि | मंगल | गुरु |
| 11. | शनि | गुरु (बृहस्पति) | - | - |
| 12. | गुरु, राहु | राहु | शुक्र, केतु | बुध, राहु |

सम ग्रह- कुछ ग्रह फल की दृष्टि से एक दूसरे के सम (बराबर) होते हैं, इसलिए इन्हें सम ग्रह कहा जाता है। जैसे-

| ग्रह | सम ग्रह |
|---|---|
| सूर्य | बुध |
| चन्द्र | शुक्र, शनि, गुरु तथा मंगल |
| मंगल | शुक्र, शनि, और राहु |
| बुध | शनि, केतु मंगल तथा गुरु |
| गुरु (बृहस्पति) | राहु, केतु तथा शनि |
| शुक्र | मंगल तथा गुरु |
| शनि | केतु तथा गुरु |
| राहु | गुरु तथा चन्द्र |
| केतु | गुरु, शनि, चन्द्र तथा बुध |
| | |

**निष्क्रिय ग्रह-** जब दो ग्रह एक साथ एक भाव में हो जाते हैं, तो उनमें से एक ग्रह का बल घट जाता है या वह फल नहीं देता, इसलिए उस ग्रह को निष्क्रिय ग्रह कहते हैं। वे निम्न हैं-

1. सूर्य केतू के साथ एक भाव में होने पर सूर्य का बल घट जाता है।
2. चन्द्र राहु के साथ एक भाव में होने पर चन्द्र का बल घट जाता है।
3. बुध और सूर्य एक भाव में होने पर बुध निष्फल हो जाता है।
4. राहु और मंगल एक भाव में होने पर राहु निष्फल हो जाता है।

**नकली (बनावटी)** ग्रह तथा उसका वर्ण-ग्रह तथा उसका वर्ण- जब दो ग्रहों की शक्ति तीसरे ग्रह की शक्ति के बराबर हो जाती है, तो तीसरा ग्रह ही उन दोनों ग्रहों का स्थान ले सकता है। इसलिए उसे नकली (बनावटी) ग्रह कहा जाता है। एक यह भी कारण है कि उस नाम का अलली ग्रह कुण्डली मे पहले से ही उपस्थित होता है। ये इस प्रकार हैं

| युगल ग्रह | नकली ग्रह | वर्ण |
|---|---|---|
| सूर्य व बुध | गुरु | पीला |
| सूर्य व शनि | मंगल | अशुभ लाल |
| बुध व शुक्र | सूर्य | गुरु के समान |
| शुक्र व गुरु | शनि, केतु सदृश | काला |
| गुरु व राहु | बुध | हरा |
| सूर्य व बुध | गुरु | पीला |
| मंगल व शनि (उच्च का) | राहु | सफेद - काला |
| सूर्य व शनि (नीच का) | राहु | सफेद - काला |
| राहु व केतु | शुक्र | सफेद |
| मंगल व गुरु | शनि राहु सदृश | काला |
| सूर्य व बुध | चन्द्र | सफेद |

**पाप तथा पापी ग्रह-** लाल किताब के अनुसार राहु, केतु को 'पाप' ग्रह कहा गया है और राहु, केतु तथा शनि सामूहिक रूप में "पापी' माने गये है। मंगल यदि अशुभ है तो वह भी पाप ग्रह कहा जाता है।

**धर्मी ग्रह-** कुछ ग्रह अन्य.हों के साथ ऐसे भावों में स्थित होते हैं, जिनके कारण व्यक्ति पर राहु, केतु एवं शनि जैसे पापी ग्रहों का कुप्रभाव नहीं होता। अत: ऐसे ग्रह जो वयेक्त को पानी कग्रहों की अशुभता से बचाते हैं, प्राय: धर्मी ग्रह कहलाते हैं।

**उदाहरण -** यदि राहु, केतु चौथे भावा में स्थित हो तो धर्मी बकन जाते हैं, राहु, केतु चन्द्र के साथ होने पर किकसी भी भाव में धर्मी बन जाते हैं। शनि ग्यारहवें भाव में धर्मी बन जाता है। गुरू के साथ स्थित होने पर किसी भी भाव में धर्मी हो सकता है।

धर्मी ग्रह किसी भाव को या अन्य ग्रह को पीड़ित नहीं करते। अपने ओर से बुरा फल नहीं देते। दूसरा ग्रह बुरा फल उत्पन्न करता है तो कोई मतलब नहीं होता। धर्मी ढ्वारा अच्छा फल दिये जाने की कोई गारन्टी नहीं।

**ग्रहों की दृष्टि-** ज्योतिष शास्त्र मी मान्यता के अनुसार प्रत्येक ग्रह की अपनी दृष्टि होती है। वह जिस किसी भाव में बैठा होता है, उसी से सातवें भाव को पूर्ण दृष्टि से देखता है।

मंगल, गुरू और शनि की विशेष दृष्टि भी होती है। किन्तु लाल किताब के अनुसार ग्रहों की दृष्टि इस प्रकार है-

| भाव जिसमें ग्रह उपस्थित है | भाव–जिसको ग्रह देखता है |
|---|---|
| 1 | 7 |
| 2 | 6 |
| 3 | 9,11 |
| 4 | 10 |
| 5 | 9, 11 |
| 6 | 12 |
| 8 | 2 |

इससे स्पष्ट है कि ग्रह जिस भाव में बैठा होता है, वह उससे आगे के भावों को ही देखता है, पीछे, 3, 2, | को नहीं देख सकता। आठवाँ इसका अपवाद है। वहाँ बैठा हुआ ग्रह अपने से पीछे की ओर दूसरे भाव को देखता हे।

**किसी भी भाव में स्थित ग्रह का व्यक्ति के जीवन पर प्रभाव-**

| ग्रह | प्रभाव |
|---|---|
| सूर्य | किसी भाव में स्थित अकेला सूर्य ग्रह व्यक्ति को धानवान बनाता है, परन्तु धान की प्राप्ति अपने ही परिश्रम से होती है। |
| चन्द्र | किसी भी भाव में अकेला चन्द्र ग्रह अपने स्वामी को दया एवं विनम्रता प्रदान करता है। ऐसा वयिक्त विनम्रता के द्वारा असम्भव कार्य को भी सम्भव बना देता है |
| मंगल | थ्कसी भी भाव मंगल अकेला होने पर वयिक्त निर्बल एवं भीरू बन जाता है। ऐसे व्यक्ति का जीवन प्रायः दूसरो की दया पर |

| | |
|---|---|
| | निर्भर रहता है। |
| बुध | किसी भी भाव में स्थित अकेला बुधा अपने स्वामी को लालची बना देता है। |
| गुरू | किसी भी भाव में अकेला गुरू अपने स्वामी की हर प्रकार से रक्ष करता है और उसे संकटों से बचाता है। |
| शुक्र | किसी भी भाव में अकेला गुरू अपने स्वामी के लिए अशुभ सिद्ध होगा, परन्तु उसे सहयोग ही देगा। |
| शनि | किसी भीभाव में स्थित शनि यदि अकेला है तो वह व्यक्ति को बुध के समान लालची एवं सूर्य के समान परिश्रमी बना देता है। |
| राहु | यह ग्रह अकेला होने पर भी व्यक्ति की रक्षा करता है। |
| केतु | यह ग्रह अकेला होने पर भी व्यक्ति को परिश्रमी बना देता है। |

**स्पष्ट ग्रह-** ऐसे ग्रहों जो पूर्णरूप से समर्थ होते हैं, वे अपना पूर्ण प्रभाव देते हैं। इन ग्रहों

को स्पष्ट ग्रह कहा जाता है।

**सोये हुए ग्रह तथा भाव-** लाल किताब के अनुसार 7, 9, 0, ‖ व ‖2 भाव

दृष्टिहीन होते हैं। शेष भावों में भी स्थित ग्रह जिस किसी भाव को देखता है उसमें कोइ ग्रह न हो अर्थात् कमरा खाली हो तो दृष्टा ग्रह अंधा हो जाता है। जिस भाव पर किसी ग्रह की दृष्टि न हो वह भाव उदास हो जाता है। सोये हुए ग्रहों तथा भावों को कष्ट -निवारण

हेतू पूजा उपाय आदि के द्वारा जगाया जा सकता है। ग्रहों को जगाने के लिए तो उन्हीं की पूजा-उपचार किया जाता है, जो सोये हुए हों। सोये हुए भावों को जगाने के लिए निम्न प्रक्रिया अपनाते हैं -

## भाव- जिसे जगना है ग्रह-जिसका उपचार करना है

| भाव | ग्रह |
|---|---|
| 1 | मंगल |
| 2 | चन्द्रमा |
| 3 | बुध |
| 4 | चन्द्रमा |
| 5 | सूर्य |
| 9 | गुरू |
| 10 | शनि |
| 11 | गुरू |
| 12 | केतु |

## ग्रहफल के ग्रह- भावफल के ग्रह

जन्म कुण्डली में कभी ऐसी परिस्थिति आ जाती है कि ग्रह कभी तो स्वयं के फल देते हैं और कभी जिस भाव में बैठे हों उस भाव के फल देते हैं।

| भाव | ग्रहों का फल | भावों का फल |
|---|---|---|
| 1 | मंगल | राहु |
| 2 | राहु और केतु राहु | - |
| 3 | शनि | शनि (धन के लिए) |
| 4 | चन्द्रमा | मंगल, शुक्र और केतु |
| 5 | गुरू और शनि | - |
| 6 | बुध और केतु | सूर्य, मंगल, गुरू, शनि |
| 7 | शुक्र | - |
| 8 | मंगल | - |
| 9 | गुरू | शनि |
| 10 | शनि | बुध और केतु |
| 11 | गुरू और शनि | - |
| 12 | राहु | बुध |

## ग्रहों की अशुभता से होने वाले अनिष्ट और उनके निवारण

लाल किताब के अनुसार कोई ग्रह जब अशुभ होता है तो व्यक्ति पर उसके लक्षण स्पष्ट दिखाई देते हैं।

## सूर्य अशुभ होने पर-

अनिष्ट- व्यक्ति का शरीर एकाएक अकड़ने लगता है, वह चलने -फिरने के योग्य नहीं रहता। व्यक्ति को हृदय रोग, नेत्र रोग, उदर विकार, ऋण अभियोग, धन आदि का नाश होता है।

**निवारण (देवोपासना के द्वारा)** -व्यक्ति को हरिवंश पुराण का पाठ तथा सूर्य पूजन करना चाहिए।

**दान-** गेहूँ, गुड़ तथा ताँबे का दान करना चाहिए।

**टोटके** - चूल्हे की आग को (रात के समय) दूधा से बच्माएं। कोई भी कार्य करने से पूर्व मीठा मुँह में डालकर थोड़ा- सा पानी पियें। यदि दसवें भाव में बैठा हुआ सूर्य किसी भी प्रकार पीड़ित हो तो बहते जल में ताँबे का पैसा प्रवाहित करे। रविवार को बेल

की जड़ का टुकड़ा सोने के ताबीज में भरकर सूत के बने गुलाबी रंग के धागे में बाँध कर दाहिनी भुजा में धारण करें।

## चन्द्र अशुभ होने पर-

**अनिष्ट-** चन्द्र अशुभ होने पर व्यक्ति की स्पर्श शक्ति नष्ट हो जती है। तथा स्पर्श करने पर बदन ठण्डा महसूस होता है। यदि व्यक्ति के पास कोई पशु हो तो उसकी मृत्यु हो जाती है। मानसिक तनाव, चिन्ता, मानसिक दुर्बलता, फेफड़ों के रोग, माता की बीमारी, धान की कमी आदि हो जाती है।

निवारण (देवोपासना के द्वारा)- चन्द्र अशुभ होने पर व्यक्ति को चाहिए कवह कुल देवी - देवताओं की पूजा करे तथा माता-पिता एवं गुरूजनों की यथा शक्ति सेवा करे और उनका आशीर्वाद प्राप्त करे।

**दान-** दूध का दान करे, भैरों के मन्दिर में भी दूध का दान किया जाना चाहिए। कुंआरीकन्याओं को हरे वस्त्रों का दान करे।

**टोटके -** बहते जल में चाँदी बहाए। सोते समय पानी या दूध से भरा बर्तन सिरहाने रख ले, सुबह उठकर उसे कीकर के पेड़ की जड़ में डाल दे। दूध न बेचे। चावल, चाँदी और प्राकृति जल सदा अपने पास रखे। श्मशान के कुँए से पानी लाकर अपने घर में रखें किसी भी सोमवार के दिन सफेद सूती कपड़े में 'खिरनी' की जड़ बांधाकर सफेद ऊन के धागे से दाहिनी भुजा या गले में धारण करनी चाहिए। सामवार को ही प्रातः काली गाय के कच्चे दूध और सफेद चन्दन के घोल में डुबोकर शंख की अंगूठी अनामिका अंगुली में, चन्द्र को मन में स्मरण करते हुए पहननी चाहिए।

## मंगल अशुभ होने पर-

**अनिष्ट-** मंगल ग्रह के अशुभ होने पर व्यक्ति व्यर्थ के विवादों में फसा रहता है, उसे क्रोध अधिक आता है। व्यक्ति के शरीर में रक्त की कमी हो जाती है और प्राय: उसके जोड़ों में दर्द होता रहता है। ऐसे व्यक्ति में सन्तान उत्पत्ति की सामर्थ्य नहीं होती, किन्हु यदि सन्तान उत्पन्न होती भी है तो वह जन्म के उपरान्त ही मर जाती है। ऐसे व्यक्ति को जिगर राग तथा होठ फटने के रोग आदि हो जाते हैं।

**निवारण (देवोपासना के द्वारा)** -मंगल ग्रह की अशुभतमा को दूर करने के लिए व्यक्ति को चाहिए कि वह हनुमान जी की पूजा, प्रसाद चढ़ाना और बाँटना तथा हनुमान चालीसा का पाठ किया करे।

**दान-** तन्दूर में लगी मीठी रोटी दान करे। मूसूर की दाल और मृगछाला का दान करे।

**टोटके** - मंगल ग्रह की अशुभता को दूर करने के लिए व्यक्ति को अपने नेत्रों को प्रतिदिन शीतल जल से धोना चाहिए और सुरमे का प्रयोग करना चाहिए। बहते जल में रेवड़ी तथा बताशे बहाने चाहिए। किसी भज़ी मंगलवार को सोने के ताबजी में अनं-तसूल की जड़ भरकर लाल रंग के सूती धागे में बांधकर दाहिनी भुजा में धारण करना चाहिए। सोने की अंगूठी गाय के दूध में डुबोकर मंकगलवार को प्रातःकाल सूर्योदय के समय अनामिका अंगुली में धारण कनी चाहिए।

## बुध अशुभ होने पर-

**अनिष्ट** - बुध ग्रह की अशुभता व्यक्ति के दाँत असमय ही गिर जाते हैं और व्यक्ति सहवास के योग्य भी नहीं रह जाता।

ऐसे व्यक्ति को स्नायु -रोग घेरे रहता है। नाक में कई प्रकार के रोग हो जाते हैं।

**निवारण (देवोपासना के द्‌वारा)**-बुध की अशुभता को दूर करने के लिए व्यक्ति को "दुर्गा! का पाठ करना चाहिए। कन्याओं की पूजा करनी चाहिए।

दान- इसके लिए बकरी का दान, फोका कद्‌दू तथा धार्मिक स्थानो में यथा शक्ति दान दें।

**टोटके** - बुध की अशुभता को दूर करने के लिए व्यक्ति को अपनी नाक छिदवानी चाहिए और अपने दाँतों के साफ-सुथरा रखना चाहिए। बुधवार को खाली बर्तन (कोरा घड़ा) चलते पानी में बहाना चाहिए। लोहे का छल्ला किसी भी अंगुली में धारण करने से बुध की अशुद्धता दूर हो जाती है। चाँदी के ताबीज में विधारा की जड़ रखकर हरे रंग के सूती धागे में बुधवार के दिन दाहिनी भुजा में धारण करना चाहिए। चाँदा या पीतल की अंगूठी घी, सफेद चन्दन, शहद और गाय के दूध में डूबोकर कनिष्ठिका अंगुली में बुधवार को प्रात: काल पहननी चाहिए। अंगूठी में पत्रा का प्रयोग करें।

## शनि अशुभ होन पर-

**अनिष्ट** - यह ग्रह अशुभ होने पर व्यक्ति पर अचानक ही अनेकों प्रकार की दैवी आपदाएं आती हैं। उसके घर में आग लग सकती है, मकान गिर सकता है तथा परविपर के किसी सदस्य की मृत्यु भी हो सकती है। ऐसे व्यक्ति की आँखों के रोग हो जाते हैं तथा अयोग्य सन्तान से वह परेशान ही रहता है।

**निवारण (देवोपासना के द्वारा)-** यदि किसी व्यक्ति पर शनि अशुभ हो रहा है तो उसे राजा की कृपा प्राप्त करने के लिए उसकी सेवा करनी चाहिए।

**दान-** शनि की अशुभता को दूर करने के लिए व्यक्ति को लोहे, तेल, चमड़ा, साबुन काले मास और पत्थर आदि का दान, बादाम, शराब आदि का दान करना चाहिए।

**टोटके -** जब शनि अशुभ हो रहा हो ता व्यक्ति को मछलियों को आटा खिलाना चाहिए। अपने भोज का कुछ भाग बचाकर सवा महीने तक कौवों को भोजन कराना चाहिए। रांगो का ताबीज लेकर उसमें बिछुआ की जड़ रखें और काले रंग के सूती धागे में बाँधकर शनिवार के दिन दाहिनी भुजा में बाँधना चाहिए।

## गुरू अशुभ होने पर-

**अनिष्ट-** गुरू अशुभ होने पर व्यक्ति व्यर्थ ही अपयश का भागी बनता है और

विभिन्न आलोचनाओं का शिकार होता है। ऐसे व्यक्ति के विषय में अकारण ही तरह-तरह की अफवाहें उड़ती रहती हैं। ऐसे व्यक्ति को पुत्र की भी हानि हो सकती है तथा उसके गले म विकार होता है। व्यक्ति के सिर के बाल उड़ जाते हैं। ऐसे व्यक्ति के घर में सोनानहीं ठहरता, वह खो जाता या चोरी हो जाता है। व्यक्ति आर्थिक कठिनाईयों में घिरा रहता है।

**निवारण (देवोपासना के द्वारा)-** गुरू की अशुभता से बचने के लिए व्यक्ति को चाहिए कि वह लक्ष्मी पूजन करे। हरिवंश पुराण का पाठ करे।

दान- केसर, हल्दी, चने की दाल तथा सोने का दान करें।

**टोटके-** गुरू की अशुभता से बचने के लिए व्यक्ति को चाहिए कि वह प्रत्येक समय अपनी नाक को साफ रखे। पगड़ी बाँधो और माथ पर केसर का तिलक लगाये। पीपल का वृक्ष लगाये, उसे पानी दे, और देखभाल करे। केले की जड़ का टुकड़ा सोने से बनी ताबीज में रखकर, पीले रंग के सूती धागे से बाँधकर, बृहस्पतिवार के दिन गले में धारण करना चाहिए। नई चाँदी की अंगूठी को शुद्ध घी, सफेद चन्दन व पानी डुबोकर तर्जनी अंगुली में पहननी चाहिए। यह प्रयोग बृहस्पतिवापर के दिन सूर्योदय के समय करना चाहिए।

## शुक्र अशुभ होने पर-

**अनिष्ट** -शुक्र अशुभ होन पर व्यक्ति की त्वचार सम्बधी कई प्रकार के रोग उत्पन्न हो जाते हैं। स्वपनदोष कि शिकायत बनी रहती है। इसके अतिरिक्त उसके हाथ व पाँव का अंगूठा अचानक ही बेकार या मुत्र हो जाता है। इस ग्रह के अशुभ होने पर व्यक्ति को घर में खुशी के दिन गम का मुँह देखना पड़ सकता है।

**निवारण (देवोपासना के द्‌वारा)-** शुक्र का देवता लक्ष्मी है अर्थात् ऐसे व्यक्ति को लक्ष्मी की पूजा करनी चाहिए।

**दान -** शुक्र के अशुभ होने पर व्यक्ति को चाहिए कि वह घी, दही, काफूर आदि का दान करे और स्त्रियों की सहायता तथा पालन-पोषण के लिए यथाशक्ति दान में भाजन करए। गाय का दान तथा चरी का दान भी करना चाहिए।

**टोटके -** शुक्र की अशभ्ता का दूर करेन के लिए व्यक्ति को चाहिए कि वह प्रत्येक समय शरीर स्वच्छता पर ध्यान दे और हर समय साफ-सथुरे व धुले कपड़ों का प्रयोग करे। भोजन करनसे पहले अपनी थाली में कुछ भोजन निकालकर गाय को

खिलाए। सोने के ताबीज में सरपंखा की जड़ रखकर, सफेद सूती धागे से बाँधाकर गले में धारण करे। इसके लिए शुक्रवार का दिन अच्छा रहता है। प्लेटिनम की अंगूठी शुक्रवार के दिन बन-वाकर, प्रातः काल के समय गाय के दूध और शहद के मिश्रित योग में स्नान कराकर अनामिका गुल में पहने।

## राहु अशुभ होने पर-

**अनिष्ट-** राहु ग्रह की अशुभता से व्यक्ति मानसिक रूप से विकृत हो सकता है या पूर्ण रूप से पागल भी हो सकता है। यदि ऐसे व्यक्ति को कुत्ते पालने का शौक है तो राहु अशुभ होने पर उसके कुत्ते की मृत्यु हो जाती है। ऐसे व्यक्ति के शत्रुओं की संख्या भी अधिक होती है। सिर पर चोट लगने या क्षयरोग होने से व्यक्ति की मृत्यु हो सकती है।

**निवारण (देवोपासना के द्वारा)-**राहु अशुभ होने पर सरस्वतां की पूजा करनी

चाहिए।

**दान- कन्या -** दान, मूली का दान, सरसों और नीलम का दान किसी सफाई कर्मचारी को करना चाहिए।

**टोटके -** राहु की अशुभता से बचने के लिए व्यक्ति को चाहिए कि वह अपने परिवार से अच्छे सम्बन स्थापित करे। रिश्तेदारों आदि से सम्बन्ध अच्छे बनाए और व्यर्थ के झगड़े कभी न करे। नदी जल की तेज धारा में नारियल बहाये। जौं को दूध से धोकर नदी-जल में बहाये। यदि राहु की अशुभता के कारण क्षय रोग हो तो जौ को गौमूत्र में धोकर उसे बन्द डिब्बे में अपने पास रखे। बहते जल में कोयल प्रवाहित करे। खोटा पैसा नदी-जल में बहा देने से राहु की अशुभता दूर हो जाती है। लोहे के ताबीज मे

सफेद चन्दन की जड़ को रखकर, बुधवार को नीले रंग के सती धागे में बांधकर प्रातः:काल धारण करना चाहिए।

शनिवार को दोहपर के समय मध्यमा अंगुली में लोहे की बनी अंगूठी गाय के दूध में स्नान कराकर पहननी चाहिए

## केतु अशुभ होने पर-

**अनिष्ट-** केतु अशुभ होने पर व्यक्ति को मूत्राश्य सम्बन्धी अनेकों रोग हो जाते हैं और प्रायः उसके जोड़ों में भी दर्द रहता है। ऐसे व्यक्ति की सन्तान भी रोगी रहती है। पुत्र का दुर्व्यव-हार सहन करना पड़ता है ऐसा व्यक्ति विश्वासघात का शिकार होता है।

**निवारण (देवोपासना के द्वारा)** केतु के अशुभ होने पर गणेश पूजा करनी चाहिए।

**दान- बछिया**-दान केतु का अशुभता के लिए लाभकारी होता है। तिल का दान करें। यदि व्यक्ति का पुत्र आज्ञाकारी न हो और दुर्व्यवहार करता है तो मन्दिर में कम्बल का दान करना चाहिए।

**टोटके-** केतु की अशुभता को दूर करने के लिढ व्यक्ति को कुत्ता पालना चाहिए। यदि टांगों में कष्ट हो, या मूत्र- विकार हो तो रेशम के धागे में चाँदी का छलला डालकर गले में पहनें। यदि पुत्र पर कोई संकट आये तो 43 दिन तक काले कुत्ते को भोजन करायें।

## कुछ विशेष परिस्थितियों के निवारण-

लाल किताब में ग्रहों की अशुभता को दूर करने के लिए कुछ विशेष टोटके और निवारण दिये गये हैं जिन्हें व्यवहार में लाकर बड़ी सरलता से ग्रहों के दुष्प्रभाव को दूर किया जा सकता है।

यदि मंगल नौवें भाव में बैठा हुआ पीड़ित या अशुभ हो तो व्यक्ति को अपनी भाभी की सेवा करनी चाहिए।

यदि मंगल दूसरे भाव में बैठा हुआ पाँचवे भाव को देखता हो तो सन्तान उत्पत्ति में बाधक होता है। ऐसा होने पर व्यक्ति अपने परिवार के सदस्यों की सम्यक् देखभाल करे तो सन्तान प्राप्त हो जाती है।

यदि चन्द्रमा ग्यारहवें भाव में हो तो व्यक्ति की पत्नी को प्रसूति-पीड़ा आरम्भ होने पर उसकी माता को वह घर छोडकर अन्यत्र चले जाना चाहिए। उसे 43 दिन बाद नवजात शिशु को देखना चाहिए। पहले देखने पर शिशु का अनिष्ट होता है।

जिस व्यक्ति के पाँचवे भाव में शनि हो, वह अपना घर बनाना आरम्भ करता है तो उसकी स्नतान पर संकट आता है। सन्तान के संकट-मोचन के लिए शनि की शत्रुओं (सूर्य, चन्द्र, मंगल) की वस्तुएं अपने पास रखनी चाहिए।

केतु पुत्र और कुत्ते का कारक होता है। अत यदि व्यक्ति के पुत्र पर किसी प्रकार का संकट आये तो उसे 43 दिन तक किसी काले कुत्ते को भोजन कराना चाहिए।

बारहवां ग्रह जिस सम्बन्धी का कारक होता है, उसकी मत्यु के बाद काकरक ग्रह की वस्तुएं अपने पास रखने से रातें सुख - पूर्वक गुजतरी हैं।

## ग्रहों की योग दृष्टि

लाल किताब में ग्रहों की योग दृष्टि का उल्लेख दिया गया है। जिस भाव पर दुर्भाग्य की मार पड़ती है वह अतिरिक्त बल प्राप्त

करने के लिए दूसरे भावों की ओर देखता है। विभिन्न भावों में स्थित ग्रह योग दृष्टि निमंकित सारणी के अनुसार अन्य भावों में बैठे हुए ग्रहों से विभिन्न प्रकार की सहायता प्राप्त करते हैं-

## सारणी

| विवेच्य भाव (1) | दृष्टि | पारस्परिक सहायता (3) | सामान्य स्थिति (4) | संघर्ष (5) | मूल सहायता (6) | अनिश्चित (7) | अप्रत्या क्षति (8) |
|---|---|---|---|---|---|---|---|
| 1 | X | 5 | 7 | 8 | 9 | 10 | 3 |
| 1 | Y | 9 | 7 | 6 | 5 | 4 | |
| 2 | X | 6 | 8 | 9 | 10 | 11 | 4 |
| 2 | Y | 10 | 8 | 7 | 6 | 5 | |
| 3<br>3 | X<br>Y | 7<br>11 | 9<br>9 | 10<br>8 | 11<br>7 | 1 | |
| 4<br>4 | | 8<br>11 | 10<br>10 | 11<br>9 | 12<br>8 | 1<br>7 | 10 |
| 5<br>5 | | 9<br>1 | 11<br>11 | 12<br>10 | 1<br>9 | 2<br>8 | 7 |

| 6<br>6 | | 10<br>2 | 12<br>12 | 1<br>11 | 2<br>10 | 3<br>9 | 4 |
|---|---|---|---|---|---|---|---|
| 7<br>7 | | 11<br>3 | 1<br>1 | 2<br>12 | 3<br>11 | 4<br>10 | 1 |
| 8<br>8 | | 14<br>4 | 2<br>2 | 3<br>1 | 4<br>12 | 5<br>11 | 10 |
| 9<br>9 | | 1<br>5 | 3<br>3 | 4<br>2 | 5<br>1 | 6<br>12 | 7 |
| 10<br>10 | | 2<br>6 | 4<br>4 | 5<br>5 | 6<br>2 | 7<br>1 | 4 |
| 11<br>11 | | 3<br>7 | 5<br>5 | 6<br>4 | 7<br>3 | 8<br>2 | 1 |
| 12<br>12 | | 4<br>8 | 6<br>6 | 7<br>5 | 8<br>4 | 9<br>3 | 10 |

निर्देश-

(A) X का संकेत - विवेच्य भाव में स्थित ग्रह कॉलम (3) की सहायता करेगा।

(B) Y का संकेत- कॉल (3) में सिथत ग्रह विवेच्य भाव के ग्रह की सहायता करेगा।

(C) मूल सहायता' का तात्पर्य है कि ग्रह अधिमित्र हैं। उनका मैत्री मिलन अभिन्न होता है। कॉलम नं. (6) में स्थित ग्रह

विवेच्य भाव की सहायता के लिए अपना अस्तित्व तक मिटा देगा।

(D) विवेच्य भाव के ग्रह और कॉलम (5) द्वार निर्दिष्ट ग्रह सदा शत्रुता का व्यवहार करेंगे। उनके नैसर्गिक सम्बन्धा चाहे जो भी हों।

(E) विवेच्य भाव के ग्रहों के लिए कॉलम (7) द्वार निर्दिष्ट ग्रह बहुत अच्छे भी हो सकते हैं, बहुत बुरे भी हो सकते हैं।

(F) X अप्रत्याशित क्षति' से तात्पर्य है कि कॉलम (8) द्वारा निर्दिष्ट ग्रह विवेच्य भाव के ग्रह पर बिल्कुल अचानक ऐसी चोट करेंगे कि वह जान भी नहीं पाएगा कि बिजली किधार से गिरी है।

**पीड़ित ग्रह और योग दृष्टि -** लाल किताब के अनुसार सभी ग्रह अपने से आठवें भाव में बैठे हुए ग्रहों को पीड़ित करते हैं। पीड़ित ग्रह सहायता से पान के लिए अपने से पाँचवों भाव में बैठे हुए ग्रह की ओर देखते हैं। इस देखने के "योग दृष्टि" कहा गया है। योग दृष्टि से देखने वाले ग्रह की, दृश्य ग्रह सहायता अवश्य करते हैं। इस विषय को निम्नांकित सारणी द्वारा भी समझा जा सकता है।

सारणी

| पीड़ित करने वाला | पीड़ित होने वाला | योग दृष्टि द्वारा दृश्य |
|---|---|---|

| ग्रह / भाव | ग्रह / भाव | ग्रह / भाव |
|---|---|---|
| 1. | 8 | 12 |
| 2. | 9 | 1 |
| 3. | 10 | 2 |
| 4. | 11 | 3 |
| 5. | 12 | 4 |
| 6. | 1 | 5 |
| 7. | 2 | 6 |
| 8. | 3 | 7 |
| 9. | 4 | 8 |
| 10. | 5 | 9 |
| 11. | 6 | 10 |
| 12. | 7 | 11 |

ग्रहों के देवता, रंग, रत्न / धातु, जानवर, शरीरांग और वस्तुएं

| ग्रह | देवता | रंग | रत्न / धातु | जानवर | शरीरांग | वस्तुएं |
|---|---|---|---|---|---|---|
| सूर्य | विष्णु | गेहुआँ | लाल तॉबा | पहाड़ी गाय, बन्दर | पूरा शरीर, चेहरे का दायां भाग | गेहूँ, लाल तॉबा |
| चन्द्र | शिव | दूधिया सफेद | दूधिया मोती, चाँदी | घोड़ा, घोड़ी | हृदय, चेहरे का बायां भाग | - |
| मंगल (बद) | भूत-प्रेत | लाल | चमक रहित लाल कीमती पत्थर | ऊँट, हिरण | जिगर, नीचे का होठ | लल मसूर की दाल |
| बुध | दुर्गा | हरा | हीरे, पन्ने | भेड़, बकरी, चमगादड़ | दिमाग, स्नायु, नासाग्र, जीभ, दाँत | साबुत मूँग |
| गुरु | ब्रह्मा | पीला | सोना, पुखराज | शेर, शेरनी | गर्दन, नाक | चने की दाल, सोना |

ग्रहों के देवता, रंग, रत्न/धातु, जानवर, शरीरांग और वस्तुएं

| ग्रह | देवता | रंग | रत्न/धातु | जानवर | शरीरांग | वस्तुएं |
|---|---|---|---|---|---|---|
| शुक्र | लक्ष्मी | दही जैसा | चिकनी मिट्टी, सफेद मोती | गाय, बैल | स्वर यन्त्र, गाल | मक्खन, छाछ, कपूर, सफेद मोती |
| शनि | भैरों | काला | लोहा, इस्पात | भैंस | आँखे, भौंह, बाल | सबुत उड़द |
| राहु | सरस्वती | नीला | नीलम, गोमेद | जंगली चूहे | मस्तिष्क के कंपन सिर, ठुढ्डी | सरसों, नीलम |
| केतु | गणेश | चितकबरा | वैदूर्य | कुत्ता, सुअर, गधा, छिपकली | धड़ पूरा, रीढ़ की हड्डी, घुटने, टखने, पंजे, कान | तिल |

## ऋणि ग्रहों के प्रभाव एवं उपाय

**ऋण ग्रह-** लाल किताब में ऋण ग्रह उन ग्रहों को बताया गया है, जो कि अपने पूर्वजों के ऋण का अपने वर्तमान जीवन में चुकता है। जिसे रहस्यमय ऋण भी कहा जाता है।

जिस प्रकार पिता गलती कर गया हो और उसका फल उसकी सनन्तान को वर्तमान जीवन में भोगना पड़ रहा हो। यदि वह इसका प्रायश्चित एवं उपाय न करेगा अर्थात् इस ऋण को पूजा-पाठ, जप-तप एवं दान आदि से चुकता न करेगा तो वह नर्क का भागी बनेगा।

**उदाहरणर्थ -** महाराज दशरथ ने श्रवण को तीर मार दिया। श्रवण के माता-पिता ने उन्हें शाप दे दिया, "जैसे हम पुत्र-वियोग में मर रहे हैं, वैसे ही आप भी पुत्र वियोग में मेरेंगे।' "

सर्वविदित है कि महाराज दशरथ पुत्र वियोग में मरे। उनका अपना दोष था। लेकिन राम का तो कोई दोष न था। उन्हें पिता के दोष के कारण वन के कष्ट सहने पड़े। इसी को "ऋण पितृ"

भी कहा गया है। इसकी पहचान यह है कि इसके अनिष्ट घर-परिवार के सब लोगों को प्रभावित करते हैं। यदि सब को नहीं भी करते, तो अधिकांश लोगों को अवश्य करते हैं। परिवार के एक व्यक्ति की कुण्डली में जो ग्रह पीड़ित होते हैं, वही अन्य व्यक्तियों की कुण्डली में भी पीड़ित होते हैं। लाल किताब के अनुसार जिस ग्रह के अपने घर में या कारकत्व वाले घर में शत्रु बैठा हो वह ग्रह पीड़ित माना जाता है। पीड़ित ग्रह

जिन रिश्तेदारों के कारण होते हैं उन्हीं रिश्तेदारों के पाप या शाप से ऋण पितृ दोष "ऋण ग्रह" होता है।

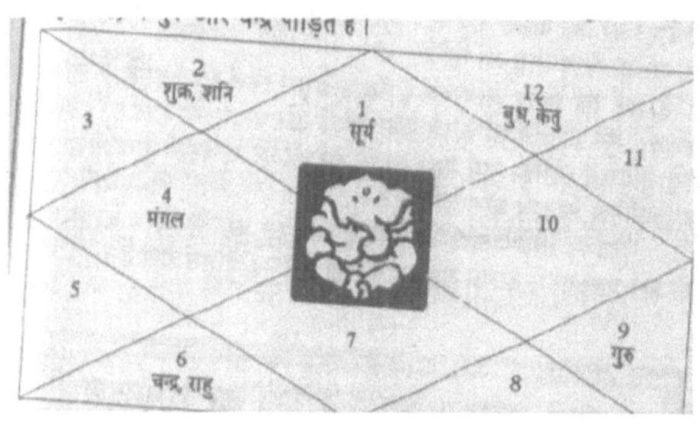


यहाँ तीन कुण्डलियाँ दी जा रही हैं, इनसे समझने में सहायता मिलगी। कुण्डली नं. 1 में गुरू नौंवे भाव में स्वगृही है। वहीं शुक्र बैठा है जो गुरू का शत्रु है। इसलिए शुक्र से गुरू पीड़ित है।

इस कुण्डली के चौथे भाव में शनि और केतु बैठे हैं। यह घर चन्द्रमा का है। शनि और केतु उसके शत्रु हैं। चन्द्रमा स्वयं अपने घर से दूर दसवें घर में बैठा हुआ है। वह शनि और केतु से पीड़ित है। इस.पकार कुण्डली नं. | पृष्ठ 46) में गुरू और चन्द्र पीड़ित हैं।

कुण्डली नं:2 में गुरू नौंवे घर में स्वगृही है, किन्तु बारहवें घर में गुरू का शत्रु बुध बैठा है। यह घर भी गुरू का है। गुरू नौवें और बारहवों का स्वामी होता है। इसलिए गुरू बुधा से पीड़ित है। छठे भाव में चन्द्रमा के साथ राहु बैठा हुआ है। राहु उसका शत्रु है। अतः चन्द्रमा राहु से पीड़ित है।

इस कुण्डली में भी चन्द्रमा और गुरू दोनों पीड़ित हैं।

कुण्डली नं.3 में गुरू दूसरे घर में बैठा है। साथ में शुक्र है जो इसका शत्रु है। अत शुक्र से गुरू पीड़ित है। चौथे भाव में राहु बैठा है। यह घर चन्द्रमा का है और राहु चन्द्रमा का शत्रु है। अत: चन्द्रमार पीड़ित है। इस भाव में भी गुरू और चन्द्रमा दोनों पीड़ित हैं।

ये तीनों कुण्डलियां एक ही परिवार के सदस्यों की हैं। पहली पिता की, दूसरी पुत्र की तथा तीसरी पौत्र की। अत: इस परिवार पर तीन पीढ़ियों से ऋण पितृ का अभिशाप चला आ रहा है।

यहाँ यह देखना आवश्यक है कि अभिशाप किस पूर्वज का है? लाल किताब में गुरू को पिता का काराक माना गया है और चन्द्रमा का माता का। यही दोनों पीड़ित हैं। इसका अर्थ यह

हुआ कि इस परिवार पर पहली कुण्डली वाले के माता- पिता का शाप चला आ रहा है।

जैसा कि पीछे बताया जा चुका है कि जिस ग्रह के अपने घर में या कारकत्व वाले घर में उसका शत्रु ग्रह बैठा हो, वह ग्रह पीड़ित होता है।

कुण्डली के बारह भावों में ग्रहों का शुभाशुभ प्रभाव एवं उपाय लाल किताब में बताया गया है कि ""ग्रह जिस भाव का स्वामी होता है, उस भाव में स्थित होने पर हमेशा शुभ फल देता है।"" इस प्रक्रिया का निम्न प्रकार समझा जा सकता है।

पहले भाव में मंगल, दूसरे भाव में शुक्र, तीसरे भाव में बुधा, चौथे भाव में चन्द्र, पाँचवे भाव में सूर्य, छड़े भाव में बुध व केतु, सातवें भाव में शुक्र इन भावों के स्वामी हें। यदि ये ग्रह इन्हीं भावों में स्थित हैं तो हमेशा शुभ फल देंगे।

आठवें भाव का स्वामी भी मंगल है, परन्तु यदि मंगल आठवें भाव में अकेला है तो शुभ फल देगा और यदि उसके साथ शनि या चन्द्र उपस्थित है तो मंगल भी अशुभ फल देता है।

नौवें भाव का स्वामी गुरू होता है। यदि यह इसी भाव में स्थित हे तो शुभ फल देगा।

दसवें भाव को विश्वासघाती माना गया है तथा बताया गया है कि इस भाव में स्थित ग्रह विश्वासघाती हो जाते हैं। ये ग्रह यदि दूसरे और ग्यारहवें भाव में हों तो शुभ फल देत हैं। ग्यारहवें भाव में शनि तथा बरारहवें भाव में गुरू शुभ होते हैं।

शुभफल देने की अवधि-लाल किताब के अनुसार जन्म कुण्डली में जो ग्रह जिस भाव में हेता है, वह ग्रह वर्ष कुण्डली, माह कुण्डली या दिन कुण्डली में भी जब उसी भाव में आता है तब अपना शुभ फल देता है।

**उदाहरण -** यदि सूर्य जन्म कुण्डली के पाँचवे भाव में शुभ फल देता है या वह उच्च का भाव है ता वह वर्ष कुण्डली, मास कुण्डली, दिन कुण्डली में भी पाँचवें भाव में होने पर शुभफल देगा। कुण्डलीह द्वारा हम अन्य ग्रहों के सम्बन्ध में भी समझ सकते हैं।

- यदि वर्ष कुण्डली, मास कुण्डली, दिन कुण्डली चौथे भाव में राहु आ जाये तो उस वर्ष, मास, दिन में राहु के कार्य कराये जायें तो लड़ाई -झगड़े का सदेह रहता है।
- जिस व्यक्ति की जन्म कुण्डली या अन्य कृण्डलियों के चौथे भाव में गुरू आ जाये और व्यक्ति पीपल कटवाये या किसी साधु को सताये तो उसका विनाश अवश्य होगा।
- यदि केतु कुण्डली के बारहवें भाव में स्थित हो ते व्यक्ति के कुत्ता मरवाने पर अशुभ फल प्राप्त होगा।

## अशुभ ग्रहों की पहचान और निवारण-

यदि व्यक्ति के शरीरांगो में अकड़न, उठने -बैठने में कठिनाई, मुँह में हर समय थूक आता रहे और रू घर में लाल गाय या भूरी भैंस हो तथा वह खो जाते तो समझना चाहिए कि उस व्यक्ति का सूर्य ग्रह अशुभ है।

**निवारण -**

1. सूर्य अशुभ होने पर व्यक्ति को चाहिए कि वह कोई भी कार्य आरम्भ करने से पूर्व मुँह में मीठा डालकर थोड़ा सा पानी पिये, इससे यू की अशुभता दूर हो जायेगी।

2. यदि किसी व्यक्ति की अनुभव शक्ति क्षीण हो जाय, कुँआ, तालाब आदि सूख जाये, नल पानी देना बन्छ कर दे, घर में दुधारू जानवर या घोड़ा हो वह मर जाये, तो समझना चाहिए कि चन्द्र ग्रह अशुभ है।

   निवारण - चन्द्र की अशुभता को दूर करने के लिए व्यक्ति को चाहिए कि वह बड़ों के चरण स्पर्श कर आशीर्वाद प्राप्त करे

3. किसी व्यक्ति की शक्ति -सामर्थ्य होते हुए भी सन्तान उत्पन्न न होना, हो तो जल्दी मर जाना, न मरे तो अपाहिज हो जाना, शरीर के जोड़ों का काम न करना, शरीर में रक्त की कमी हो जाना, क्रोधा अधिक आना, लड़ाई - झगड़े अधिक होना मंकग की अशुभता के लक्षण हैं।

   **निवारण -** मंगल की अशुभता दूर करने के लिए व्यक्ति को चाहिए 'कवह अपनी आँखों में सफेद सुरमे का प्रयोग करे।

4. यदि किसी व्यक्ति की सम्भोग शक्ति समाप्त हो जाये, सूँघने की शक्ति समाप्त हो जाये, दाँत टूट जायें, आँखों पर बुरा प्रभाव पड़ना बुध की अशुभता के लक्षण होते हैं।

   **निवारण -** व्यक्ति को चाहिए 'कवह बुधा की अशुभता को दूर करने के लिए बुध का ब्रत रखें, आँखों में सुरम का प्रयोग करे, मीठी रोटी स्वयं खाये और गाय को खिलाये, पशु-पक्षि-यों को पाले व स्नेहपूर्वक उनकी सेवा करे, दुर्गा की अराधना करे और दर्गा स्पतशती का पाठ नित्य प्रति स्ननादि के बाद करे, सुहागिन स्त्रियों को भोजन कराए और लाल रंग की चूड़ियां तथा सिंदूर दान करे, हरे रंग का मंगा अनामिका अंगुली में धारण करने से बुध की अशुभता दूर हो जाती है।

5. यदि किसी व्यक्ति के गले में विकार, सिर के बाल उड़ जायें, शिक्षा में अवरोध उत्पन्न हो जाये, व्यर्थ के अफवाहें उसके विरूद्ध फैलें मान-सम्मान खो दे तो उसे समझना चाहिए कि गुरू अशुभ है।

    **निवारण-** गुरू के निवारण हेतु गुरूवार के ब्रत रखना चाहिए, केले की पूजा करनी चाहिए, साधा -महात्माओं की सेवा कर आर्शीवाद प्राप्त करे, पीले फूलों तथा ब्रह्मा जी की पूजा करे, पीले फलों का प्रसाद बाँटे, पीपल की पूजा व उसके नीचे घी का दीपक जलाए, केसर का सेवन अधिक मात्रा में करे, मध्यमा अंगुली में सोने की बनी अंगूठी धारण करे, माथ पर पीला तिलक लगा, नाका की सफाई कोई भी कार्य आरम्भ करने से पहले करे। ऐसा करने से गुरू की अशुभता दूर हो जाता है।

6. शुक्र के अशुभ होने पर व्यक्ति को त्वचा विकार होता है, स्वप्नदोष होते हैं। मुँह व हाथ की त्वचा बिल्कुल कांतिहीन व निस्तेज हो जाती है, व्यक्ति मानसिक रूप से अस्वस्थ हो जाता है, हाथ का अगूठा निष्क्रिय हो जाता है।

    निवारण - शुक्र का निवारण करने के लिए व्यक्ति को चाहिए कि वह सरस्वती की पूजा अर्चना करे और देवी को प्रसन्न करे। दही में मिठाई डालकर उसका भोजन से पूर्व देवी को लगाये। गाय पाले और उसकी सेवा श्रद्धा के साथ करे। न्तिय स्नानादि से निवृत्त होकर गाय को भी स्नान करा कर उसके माथ पर चन्दन का तिलक लगाये और ज्वार का दाना खिलाए। शुक्रवार का ब्रत रखे तथा तुलसी के पौधो के नीचे शुद्ध घी का चिराग जलाए।

अपने भोजन का कुछ अंश गाय को खिलाये। ऐसा करने से शुक्र का निवारण अनिवार्य है।

7. शनि के अशुभ होने पर जमीन-सम्पत्ति आदि की हानि हो या जमीन छीने जाने का भय हो, जोड़ों में दर्द तथा दाँत झड़ने लगे, भैंस मर जाये, आग लग जाये, मकान गिर जाये या क्षतिग्रहस्त हो जाये, भोहों और पलकों के बाल उड़ने लगें तो शनि अशुभ होगा।

**निवारण -** राहु की अशभता को दूर करने के लिए व्यक्ति को चाहिए कि वह लक्ष्मी की पूजा अर्चना करे और मेवे का भोग लगाए, सिर पर चोटी रखे, संयुक्त परिवार में रहे,

ससुराल वालों से अच्छे सम्बन्ध बनाए, चावल का दन करे औश्र चावल की खीर बनाकर कन्याओं को दान करे, किसी कन्या का शादी में पाँच बर्तन स्टील अथवा चांदी के भेंट करे,

चाँदी की अंगकूठी अथवा लॉकेट में सफेद मोती जड़वाकर पहने, एकादशी का ब्रत रखे।

पीपल अथवा तुलसी की जड़ में दूधा प्रवाहित करने से राहु की अशुभता दूर हो जाती है।

10. यदि किसी व्यक्ति की सन्तान बीमार रहे, मूत्र-विकार तथा जोड़ों में दर्द हो, खाँसी अथवा नजला हो जाये, आँखों एवं सिर के कुछ हिस्से में दर्द व पीड़ा तीव्र रूप से हो, घर में कन्या का जन्म हो, सिर के बाल उड़ जाये तो समझना चाहिए कि केतु अशुभ है।

**निवारण -** केतु की अशुभता दूर करने के लिए भिखारियों को काले रंग के कम्बल का दान दे, सफेद रेशम का धागा अथवा

चाँदी की अंगूठी धारण करे, भैरव जी की उपासना करे, त्रयोदशी का व्रत रखे, केले के पत्ते पर रखकर चावलों में भोग लगाए, ब्राह्मण को मखने दान करे, हरे रंग का रत्न अपनी तर्जनी अंगुली में अंगूठी में जड़वाकर पहने, क्नयाओं को मीठी दही और केसर का हलवा रविार के दिन खिलाए, तिल के लड्डू सुहागिन स्त्रियों को खिलाए, माता और पिता के पैर संध्या समय छूकर उनसे आशीर्वाद प्राप्त करने से

केतु की अशुभता दूर हो जाती है।

## ग्रहों की अशुभता के लिए रत्न व धातु का प्रयोग-

लाल किताब में ग्रहों की अशुभता से बचने के लिए और शुभ फल प्राप्त करने के लिए रत्नों तथा धातुओं का प्रयोग भी बताया गया है। विभिन्न ग्रहों के लिए विभिन्न रत्नों तथा धातुओं का प्रयोग निम्नांकित दिया जा रहा है, इससे लाभ उठाया जा सकता है।

अशुभ सूर्य - सूर्य अशुभ होने पर ताँबे के दो बराबर के टुकड़े लेकर, उन्हें दान देने का संकल्प करें, फिर एक आंकड़े को बहते जल में बहा दें, दूसरे टुकड़े को अपने पास रख ले और किसी भी स्थिति में उस टुकड़े को अपने से जुदा न होने दे। अशुभ चन्द्र-दो सच्चे मोता या चाँदी के दो बराबर वजन के टुकड़े लेकर डनहें भी उपरोक्त विधि अनुसार करे।

अशुभ मंगल- इसमें भी उपरोक्त विधि का प्रयोग करना होगा। अशुभ बुध- बुधा अशुभ होने पर हीरा या सीप स्थापित करना चाहिए।

अशुभ गुरू-सोने के टुकड़े या केसर।

अशुभ शुक्र - सफेद मोती।

अशुभ शनि- लोहा, काला सुरमा या काला नमक।

अशुभ राहु- दुरंगा पत्थर।

नोट- बुध यदि बारहवें भाव में हो तो बिना जोड़ के लोहे के बने छल्ले लेकर उपरोक्त विधि से ही एक को पानी में प्रवाहित कर दे, और दूसरे को बायें हाथ के मध्यमा अंगुली में धारण करे।

इसमें और अधिक ज्ञान प्राप्त करने के लिए अग्रांकित सारणी का प्रयोग लाभकारी सिद्ध होगा।

| भाव | दिशा | धन / आय | सम्बन्धी | पशु – पक्षी | पेड़ – पौधे | सम्पत्ति |
|---|---|---|---|---|---|---|
| 1 | पूर्व | अर्जित | पेशेवर | स्तनपायी और सीधे ऊपर उठे हुए सींगो वाले पशु | जड़ी - बूटियां | स्वयं की खरीदी हुई सम्पत्ति |
| 2 | उत्तर | बचतें | प्रेमिका, ससुराल, पुरूषों की कुंडली में राहु | पालतू गाय - बैल | अपने लगाये हुए पेड़ - पौधे | ससुराल वालों का घर |
| 3 | दक्षिण | दूर कके रिश्तेदारों का धन | भाई - बहन | खूंखार जंगली जानवर | फलों के वृक्ष, वृक्षों के तने | भाई, चाचा आदि की सम्पत्ति |
| 4. | उत्तर - पूर्व | खर्चे | माँ, नाना - नानी | जल - जन्तु, घोड़े, दुधारू पशु | रसीले फलों के वृक्ष | ममा - मामि की जायदाद |
| 5 | पश्चिमी दीवार | बच्चों का धन | सन्तान | बालों / ऊन वाले | सब्जियाँ और | बच्चो की |

| | | | (केतु सन्तान का मित्र किन्तु मामा का शत्रु) | जानवर | फूल | सम्पत्ति |
|---|---|---|---|---|---|---|
| 6 | उत्तर | रिश्तेदारो का धन | सब रिश्तेदारों का बर्ताव | कुत्ते, बकरी - बकरे, पक्षी | मोटे तने वाले वृक्ष | बेटी के रिश्तेदारो की सम्पत्ति |
| 7 | दक्षिण - पश्चिम | पराया माल अपना | पत्नी, पुत्री, नातिन, पोती, बहन - भाई | नीचे झुके हुए सींगों वाले पशु, पक्षी, मुर्गियां | न फल, न फूल | पत्नी की सम्पत्ति |
| 8 | दक्षिण परिवार | हानि | शत्रु, कष्ट, रोग | बिच्छु, ऊँट | कन्द - मूल | कब्र |
| 9 | आँगन | बड़ों द्वारा की हुई बचत | अपने गुरुजन, परिजन | गाय - भैंस, कुत्ते, मेंढक और जल - जन्तु | काँटेदार वृक्ष | पैतृक सम्पत्ति |
| 10 | पश्चिम | बाप काल माल | पिता की सुख - सुविधाएँ | साँप, दुमदार जन्तु | काँटे रहित छायादार वृक्ष | तीन साल से पुरानी स्वनिर्मित ज्यदाद, पिता की सम्पत्ति |
| 11 | पश्चिमी दीवार | अपनी आय | जन्म के समय माँ - बाप का धन | दो मुंह वाले साँप | - | खरीदी हुई सम्पत्ति |
| 12 | दक्षिण पूर्व | | शयन सुख व पति - पत्नी सबंध | मछली, बिल्ली, चमगादड़ | - | पड़ोसियों की सम्पत्ति |

## वाराह भावों में ग्रहों की शुभाशुभ स्थिति एवं उपाय

सूर्य सामान्य परिचय ज्योतिष में सूर्य को प्रकाश के देवता, प्रजा पालक, भगवान विष्णु एवं अपनी शक्ति से संसार को प्रकाशित करने वाला कहा गया है।

आकाश मंडल का यह पहला ग्रह है- जिसे फारसी में शमाश एवं अंग्रेजी में कहा जाता है।

सूर्य पुरूष ग्रह है, इसके दिन रविवार है और इसका रंग तांबे के समा कहा गया है।

शुक्र एवं शनि ग्रह इसके शत्रु ग्रह हैं और चन्द्र, गुरू एवं मंगल इसके मित्र ग्रह कहे गये हैं।

नव ग्रहों में सर्वाधिक बली कहे जाने वाले इस ग्रह की आयु किसी भी ग्रह के साथ होने पर बाईस वर्ष एवं केतु के साथ होने पर ग्खरह वर्ष कही जाती है।

सूर्य ग्रह तुला राशि में होने पर नीच का एंव मेष राशि में होने पर उच्च का कहा जाता है।

इसके अतिरिक्त ये छठे, सातवें एवं दसवें भाव में अशुभ एवं पहले, पांचवे, आठवें, नवें, ग्यारहवें एवं बारहवें भाव में जातक को शुभ फल प्रदान करता है।

## सूर्य -पहला भाव

## शुभ स्थिति-

जन्म कुण्डली में सूर्य यदि पहले भाव में और शुभ स्थिति में है-तो यह जातक धार्मिक, परोपकारी एंव दयालु होगा। ऐसा जातक हर प्रकार से सुखी सम्पन्न होता है और ऐश्वर्य पूर्ण जीवन जीता है। ऐसा जातक धार्मिक एवं परोपकार के कार्यो में विशेष रूचि लेताहै और समाज के हित के लिए मंदिर, धर्मशाला एवं पाठशाला आदि का निर्माण करता है।

ऐसे जातक माता-पिता का भक्त होता है और अंत काल तक हर प्रकार से उनकी सेवा करता है। यद्‌यपि उसकी अपनी संतान पितृ भक्त नहीं। होती-किन्तु फिर भी ऐसा जाता वृद्धा-वस्था में कष्ट नहीं उठाता और हर प्रकार से सुखी रहता है।

- ऐसे जातक को प्राय: अपने माता-पिता से पूर्ण सहयोग एवं स्नेह नहीं मिलता। यद्‌यपि ऐसा जाताक हर प्रकार

से माता-पिता को प्रसन्न करने का प्रयास करता है-किन्तु रि भी उसे पिता का धन प्राप्त नहीं होता। ये भी सच है कि पिता द्वारा धन न मिलने पर भी ऐसा जातक धनहीन नहीं होता और संतान के लिए काफी पूंजी छोड़ता है।

## अशुभ स्थिति-

जन्म कुण्डली में सूर्य जब प्रथम भाव में किन्तु अशुभ स्थिति में होता है-तो वह जातक को निम्नलिखित फल प्रदान करता है।

- जातक काण्डली में सूर्य प्रथम भाव में अशुभ स्थिति में रहे और शुक्र सातवें भाव में हो तो ऐसे जातक को पिता का सुख प्राप्त नहीं होता। पिता की मृत्यु बाल्यकाल में ही हो जाती है।
- ऐसे जातक की पत्नी का स्वास्थ्य भी उत्तम नहीं होता। पत्नी प्राय: क्षय रोग से ग्रस्त रहती है।
- यदि अशुभ सूर्य के साथ मंगल भी पांचवें में बैठा हो-तो ऐसे जातक की संताने तो कोई होती हैं - किन्तु उनमें एक दो संतानें ही जीवित रहती हैं। अन्यथा सभ्ज़ी की मृत्यु हो जाती है।

## उपाय-

उपरोक्त श्अशुभ फलों से बचने के लिए जातक को नीचे दी गयी बातों का ध्यान रखना चाहिए।

- जातक को चाहिए कि वह कुआरा न रहें और चौबीस वर्ष की आयु से पहले ही विवाह कर ले।

- जातक को चाहिए कि वह किसी भी स्त्री के साथ दिवस काल में सहवास न करे।
- जातक अपने घर में प्राकृतिक पानी का प्रबन्धा अवश्य करे, अर्थात्- हैंड पम्प अवश्य लगाये।

## टोटके -

- सूर्य के प्रथम भाव में टोटके के लिए बायीं ओर स्थित स्थान पर अंधेरी कोठरी का निर्माण करें।
- घर के किसी व्यक्ति का विवाह चौबीस वर्ष की आयु से पहले न करें।
- बिना शुभ मुहूर्त के कोई भी नया कार्य न करें।
- घर में किसी अंधेरे काने में एक कच्चे घड़े पर सात बार कलावा बाँधो, फिर उस घड़े में कुछ चावल व रोटी डालकर उसे केले के पत्ते से ढक कर रख दें। ध्यान रहे, घड़े पर रोशनी न जाये।

## लाल किताब के लेखक का मत

- ऐसे व्यक्ति को ईमानदारी से कमाए धान का लाभ होगा।
- सन्तान भले ही गिनती की हों, पर सन्तान का सुख व्यक्ति को एक लम्बे समय तक मिलेगा।
- पत्नी से से भी सुख और शान्ति की आशा रखें।
- पिता की आखिरी आयु तक पूरी सेवा और सहायता करेगा। तथा अपनी सन्तान को भी धन जमा करके देगा।
- जो भी उसे बर्बाद करने आयेगा, वह स्वयं मिट जाएगा।

- ऐसे व्यक्ति के शरीर के सभी अंग आखिरी दम तक ठीक रहेंगे। शराब पीने व गन्दे इश्क से दूर और गरीबों की सहायता करने वाला होगा।

## सूर्य - दूसरा भाव

- जन्म कुण्डली में दूसरे भाव में स्थित सूर्य शुभ- अशुभ जिस स्थिति में होता ह, उसी स्थिति के अनुसार व्यक्ति को शुभ एवं अशुभ फल प्रदान करता है। यहाँ एसे ही शुभ- अशुभ फलों का उल्लेख दिया जा रहा है।

### शुभ स्थिति-

- व्यक्ति की कुण्डली में सूर्य दूसरे भाव में स्थित में हो और साथ में गुरू की युति भी हो तो ऐस व्यक्ति को मित्रों एवं सम्बन्धियों से हर प्रकार का सहयोग प्राप्त होता है और उसका समस्त परिवार पूर्णरूप से सुखी रहता है।
- ऐसा व्यक्ति हर प्रकार से योग्यवान होता है औश्र अपनी योग्यता के बल पर ऐश्वर्य पूर्ण जीवन जीता है। धनवान उसके जीवन में नहीं रता।
- यदि कुण्डली में सूर्य के साथ चन्द्रमा भी छठे स्थान में हो तो सूर्य अधिक बलवान होकर जातक के अत्यंत शुभ फल प्रदान करता है। ऐसा जातक अत्यंत प्रभावशाली एंव तेजयुक्त रहता है।

### अशुभ स्थिति-

- कुण्डली में दूसरे भाव का सूर्य यदि अशुभ स्थिति में होत वह अपने शत्रु ग्रहोकं से सम्बन्धित वस्तुओं का नाश करता

है। परिवार पर तरह-तरह की विपत्तियाँ लाता है और जातक के साथ व्यर्थ के झगड़े कराता है।

- अनायास ही जातक का धन नष्ट हो जाता है। परिवापर में कलह रहती है और प्राय: पत्नी से भी झगड़ा रहता है।

कुण्डली में चन्द्रमा आठवें भाव में हो और सूर्य दूसरे भाव में हो तो ग्रहो की ये स्थिति प्राय: दूसरों के आगे हाथ फैलाने को विवश करती है। और जातक को पूर्ण रूप से बर्बाद कर डालती है।

**उपाय -**

- दूसरे भाव के सर्य की अशुभता से बचने के लिए जातक को नीचे दी गई बातों का ध्यान रखना चाहिए।
- रविवार वाले दिन नारियल एवं बादाम को मन्दिर में चढ़ायें अथवा उन्हें दान में दें। सूर्य का अशुभ प्रभाव दूर होगा।
- जातक को कभी किसी से दान न लेना चाहिए। जातक को चाहिए कि वह बेईमानी से पैसा न कमाए और ईमानदारी से जीवन यापन करे।

**टोटके -**

- किसी भी महात्मा आदि के घर से दूध न पिलाएं और न ही दही दें।
- किसी से व्यर्थ का झगड़ा न करें। शत्रुता हानिकारक होगी।

किसी भी व्यक्ति को कपड़ा, धन, अनाज या कोई अन्य वस्तु दान न दें। तब तकन दें जब तक कि ग्रह आपके अनुकूल न हो जायें।

## लाल किताब के लेखक का मत

- ऐसा व्यक्ति सच्चा और सच्चाई पसन्द होगा, वह अनेको हुनर जानने वाला होगा तथा अपने बल पर जीवन जियेगा।
- ऐसा व्यक्ति फौजी या किसी उच्च पद पर आसीन होगा तथा उसे चौपाया जानवों से सुख प्राप्त होगा।
- मन -सम्मान का मालिक ऐसा व्यक्ति शौकनी ख्याल का होगा।
- ऐसा व्यक्ति कभी खुश और कभी उदास मन वाला होगा।
- ऐसा व्यक्ति जितना सुख -सम्पन्न होगा, उसका शत्रु उतना ही उससे भय खायेगा।

## सूर्य - तीसरा भाव

इस अध्याय में हम जन्म कुण्डली में तीसरे भाव में स्थित सूर्य द्वारा जातक पर पड़ने वाले शुभाशुभ प्रभाव एंव उसके उपाय की चर्चा करेंगे।

## शुभ स्थिति-

- किसी जातक की जन्म कुण्डली में सूर्य तीसरे भाव में एवं शुभ स्थिति में हो तो जातक शारीरिक रूप में सुन्दर एवं स्वयं के बाहुबल से कमाकर जीवन यापन करने वाला होगा।
- ऐसा जातक अत्यंग गुणवान एंव बुद्धिमान होता है और विभिन्न शास्त्रों का ज्ञाता भी कहा जाता है। ऐसा जातक गणित एवं ज्योतिष में विशेष रूचि रखने वाला होता है।
- जातक पर ईश्वर की कृपा सदैव बनी रहती है और वह झूठ, छल, कपट एवं बुरे कार्यो से सदा दूर रहता है।

## अशुभ स्थिति

- किसी जातक की जन्म कुण्डली में सूर्य जब तीसरे भाव में एवं अशुभ स्थिति में होता है

  और चन्द्र भी अपने भाव में अशुभ होता है- तो ऐसे जातक को अनायास की धन की हानि होती है। जातक का धन चोरी चला जाता है अथवा उसके कोई छीन लेता है।

- जातक की जन्म कुण्डली में सूर्य जब तीसरे भाव के साथ -साथ नवें भाव में भी अशुभ होता है- तो ग्रहों की ये स्थति जातक के पिता एवं दादा आदि को निधन बनाती है और इस प्रकार जातक को उनसे धन की प्राप्ति नहीं होती है।
- तीसरे अशुभ भाव क साथ सूर्य जब पहले भाव में भी अशुभ होता है- तो ऐसा जातक स्वयं तो सुखपूर्ण जीवन जीता है- किन्तु उसके पड़ोस में रहने वालों का विनाश हो जाता है।
- कुण्डली में जब सूर्य के साथ बुध भी हो- तो जतक के मामा को कई प्रकार से कष्ट उठाने पड़ते हैं। यहाँ तक कि मामा की मृत्यु भी हो सकती है।

## उपाय -

तीसरे भाव के सूर्य की अशुभता से बचने के लिए जातक को निम्निलिखित

उपाय करने चाहिए।

- जातक अपने चरित्र को ओर विशेष ध्यान दे।
- मन, कर्म एवं वचन से पवित्र रहे।
- सात्विक जीवन जिये।

- तामसी पदार्थों का सेवन न करे।
- पाप कर्मों से बचे।
- छल-कपट एवं बेईमानी से दूर रहे।
- भूलकर भा किसी का अहित न करे।

## टोटके -

- चन्द्रमा से सम्बन्धित वस्तुओं का दान करें।
- सफेद गाय पालें व गाय का ही दूध पियें, भूलकर भी भैंस का दूध न पियें।
- सूखे मेवों को सफेद फूलों में रखकर पाँच वर्ष की कन्याओं को खाने के लिए दें और उनके पैर छुएं।

## लाल किताब के लेखक का मत

- ऐसे व्यक्ति की सन्तान की आयु लम्बी होगी, उनका भाग्य अच्छा और ईश्वरीय कृपा इन पर हमेशा बनी रहेगी।
- यह जीवन में कभी किसी वस्तु से परेशान नहीं होगा।

  ऐसे व्यक्ति को चोरी आदि नहीं करनी चाहिए। यह अन्तिम व्यवस्था तक कभी निर्धन न होगा।
- दिन प्रतिदिन यह उन्नति करेगा और अपने परिवार को समृद्ध बनाएगा।
- ऐसा व्यक्ति अपने बड़ों का आदर-सम्मान करने वाला होगा, तो उनका आशीर्वाद उसके साथ होगा।

## सूर्य - चौथा भाव

### शुभ स्थिति-

- जातक की कुण्डली में सूर्य चौथे भाव में एवं शुभ स्थिति में हो-तो ऐसा जातक दयालु, परोपकारी, बुद्धिमान एवं शासक प्रकृति का होता हे। ऐसा जातक धनी होता है- किन्तु वह अपने जीवनमें अपने द्‌वारा कमाये गये धान का सही उपयोग नहीं कर पाता।

  किन्तु ये भी सत्य है कि ऐसा जातक अपने पीछे करोड़ों की सम्पत्ति छोड़ जाता है- जो उसके परिवार के काम आती है। इसके साथ ही उसका परिवार भी हर प्रकार से सुखी एवं सम्पन्न होता है।

- जब सूर्य के साथ जन्म कूण्डली में चन्द्रमा भी चौथे स्थान में हो तो ऐसा जातक अत्यन्त योग्यवान तथा गुणवान होता है और वह किसी भी क्षेत्र में किसी नये आविष्कार के कारण ख्याति प्राप्त करता है।

  जातक की कुण्डली में चौथे भाव के सूर्य के साथ बुध दसवें भाव में हो तो ऐसा जातक सफल एवं बड़ा व्यापारी होता है और उस पर राजा की कृपा विशेष रूप से होती है।

- कुण्डली म चौथे भाव के सूर्य के साथ मंगल भी हो तो ऐसा जातक अत्यन्त विनम्र, चरित्रवान, आचरण से शुद्ध एवं धैर्यवान होता है। परम संतोषी ऐसे जातक कभी पर -निंदा नहीं करते और किसी का अहित भी नहीं चाहते।

### अशुभ स्थिति-

जन्म कुण्डली में चौथे भाव का सुर्य यदि अशुभ स्थिति में हो- तो ऐसा जातक स्वभाव से ही चोर एवं लालची होगका। दूसरों को दुःख देने एवे उन्हें हानि पहुँचाने में उसे विशेष सुख मिलेगा।

- चौथे भाव के सूर्य के साथ यदि सातवें भाव में शनि भी हो -तो ऐसा जातक नेत्र रोगी होगा। विशेष बात ये होगी कि ग्रहों की ऐसी स्थिति के कारण उसे रात में दिखलायी न देगा।

- कुण्डलनी में चौथे भाव के अशुभ सूर्य के साथ समस्त पापी ग्रह भी अशुभी स्थिति में हो तो ऐसे जातक की सतानें जीवन भर रोगी रहती हैं। और जातक को उनसे कोई सुख प्राप्त नहीं होता है।

- मंगल दवसें भाव में हो और सूर्य चौथे भाव में अशुभ स्थिति में हो तो ऐसा जाक एक आँख वाला अर्थात् काणा होता है। किन्तु ऐसा जातक हर प्रकार से भाग्य-शाली होता है।

- जन्म कुण्डली में सूर्य चौथे भाव में अशुभ स्थिति में हो-साथ ही शुक्र पाँचवें, शनि सातवें एवं चन्द्रमा दूसरे भाव में हो- तो ऐसा जातक सन्तान उत्पत्ति के योग्य नहीं होता ऐसा जाक महामूर्व भी होता है औश्र उसके सभी कार्य मूर्खतापूर्ण ही होते हैं। जातक लालची भी होता है।

## उपाय-

चौथे भाव के सूर्य की अशुभता को दूर करने के लिए जातक को म्नलिखित उपाय करने चाहिए।

- व्यक्ति को चाहिए 'किवह अपने घर में यज्ञहोम कराये, नेत्रहीन व्यक्ति को यथाशक्ति दान दे और निर्धन व्य-क्तियों को भोजन कराये। ऐसा करने से शुभ फल की प्राप्ति होगी।

- व्यक्तिको चाहिए कि वह सफेद पदार्थों का ही व्यापार करे और लोहे तथा काले अनाज का व्यापार कदापि न करे। ऐसा करने से वह व्यापार सम्बन्धी हानियों से बचा रहेगा। - व्यक्ति क्रोधा व बेईमानी से दूर रहे।

## टोटके -

- एकदशी को एक समय मीठा भोजन करे।
- दसी घी का दीपक तुलसी के पौधो की जड़ में जलाए।
- चौंदी के आभूषण कभी न बेचे और न ही नये बनवाए।
- काला कपड़ा न खरीदे और न ही पहने।

## लाल किताब के लेखक का मत

- ऐसे व्यक्ति को माता की सेवा करने का मौका बहुत कम मिलेगा, परन्त उसकी उन्नति की यही एक विशेष नींव होगी।
- नये अविष्कार से लाभ होगा।
- ऐसा व्यकित धन-सम्पति का स्वामी होता है।
- ऐसे व्यक्ति को धन की कोई चिन्ता न होगी और मरत समय भी वह अपनी सन्तान के लिए बहुत सा धन छोड़कर मरेगा।

## सूर्य - पांचवां भाव

यहाँ हम पांचवे भाव में स्थिति सूर्य के शुभाशुभ फलों एवं उपायों की चर्चा करेंगे।

यहाँ ये उल्लेखनीय है कि प्रत्येक भाव में प्रत्येक ग्रह की दो स्थितियां होती हैं। इनमें से एक स्थिति एवं दूसरी अशुभ होती है। ग्रह जब शुभ स्थिति में हाता है, तो शुभ एवं अशुभ स्थिति में अशुभ फलदेता है।

## शुभ स्थिति-

- जातक की जन्म कुण्डली में पाँचवे भाव में स्थित सूर्य यदि शुभ स्थिति में हो तो ऐसा जातक उच्च कोटि का संत अथवा राजात होता है और सुखपूर्ण जीवन जीताहाँ। उसकी प्रथम संतान उसके लिए नवीन भाग्य लेकर आती है और उसके घर में उसी दिन से सुरवों की वर्षा आरम्भ हो जाती है। ऐसा जातक वृद्ध अवस्था में और भी अधिक सुख पाता है और राग मुक्त रहता है।
- कुण्डली में पाँचवें भाव के सूर्य के साथ मंगल पहले एवं राहु, केतु, शनि ग्यारहवें भाव में स्थित हों तो ऐसा जातक राजाओं के समान जीवन जीता है ओर हर प्रकार के सुख उसे प्राप्त होते हैं।
- पाँचवें भाव के सूर्य साथ शनि ग्यारहवें भाव में बैठा हो-तो ऐसा जातक जीवन के प्रत्येक क्षेत्र में उन्नति करता है। उसके माता-पिता भी दीर्घायु होते हैं और उसे अपनी सन्तानों से भी भरपूर सहयोग तथा सुख मिलता है।

## अशुभ स्थिति-

- पाँचवे भाव को सूर्य जब अशुभ स्थिति में होता है तो वह सदा अशुभ फल देता है।

- पाँचवे भाव के सूर्य के साथ कुण्डली में गुय दसवें भाव में रहे- तो ऐसे जातक को अपने जीवन में कई विवाह करने पढ़ते हैं। किन्तु दुर्भाग्य ये होता है कि प्रत्येक विवाह के पश्चात् उसकी पत्नी की मृत्यु हो जाती है।
- जातक कुण्डली में सूर्य पाँचवें भाव में अशुभ हो और शनि तीसरे भाव में अशुभ स्थिति में बैठा हो- तो ग्रहों की यह स्थिति जातक के लिए कई प्रकार से अशुभ होती है। वि-शेषकर जातक की जितनी भी संतों होती हैं-वे भी एक के पश्चात् एक मृत्यु को प्राप्त हो जाती हैं।

**उपाय -**

पाँचवें भाव में स्थित सूर्य की इस अशुभता को दूर करने के लिए व्यक्ति को

निम्नलिखित उपाय करने चाहिए।

- व्यक्ति को चाहिए कि वह प्रात: काल के समय चिड़ियों को दाना-पानी दे और गरीब तथा अनाथ बच्चों को भोजन कराये। वस्त्र आदि भी उन्हें दे।
- हनुमान जी की उपासना करे और लाल मुख वाले बन्दरों को यथाशक्ति भोजन कराये।
- संतान देरी से उत्पन्न न हो। व्यक्ति के घर में सन्तान का जन्म जितना शीघ्र होगा उतना ही अशुभ होगा।
- व्यक्ति की रसोई अपने घर में पूव दिशा में हो, तो यह शुभ फल देने वाली होगी।

## टोटका-

- लाल रंग की गाय को गुड़ खिलाए व जौ की रोटी कुत्ते अथवा बन्दर को खाने के लिए दे।

## लाल किताब के लेखक का मत

- वृद्धावस्था में ऐसा वयित ऐश करेगा
- ऐसे व्यक्ति की कई संतानें होंगी और गृहस्थी अच्छी रहेगी, यदि ऐसा व्यक्ति राजा हो तो परोपकार करने वाला होगा। यदि भिखारी या संन्यासी हुआ तो लम्बी आयु का स्वामी होगा।

## सूर्य -छठा भाव

छठे भाव का सूर्य भी अपनी शुभ - अशुभ स्थिति के अनुसार शुभाशुभ फल प्रदान करता है।

यहाँ हम ऐसे ही शुभ- अशुभ फलों का उल्लेख कर रहे हैं।

## शुभ स्थिति-

- जन्म कुण्डली में छठे भाव में स्थित सूर्य जब शुभ स्थिति में होता है- तो वह जातक को निम्नलिखित शुभफल प्रदान करता है।
- जातक चरित्रहीन होते हुए भी भाग्यशाली होता है।
- जातक की संतानें योग्य होती हैं औश्र पत्नी सन्छर होती है।

जतक को जीवन भर राज्य कृपा प्राप्त होगी।

जतक का स्वभाव क्रोधी होगा- किन्त फिर भी वह हर स्थान पर सम्मान प्राप्त करेगा।

**अशुभ स्थिति-**

जन्म कुण्डली में छठे भाव में स्थित सूर्य जब अशुभ स्थिति में होता है तो वह जातक पर निम्नलिखित प्रभाव डालता है।

- जातक की वृद्धावस्था कष्ट पूर्ण बीतती है।
- वृद्धावस्था में जातक के नेत्रें की ज्योति चली जाती है।

  जातक को नींद नहीं आती।

  ननिहाल के लोग सुखी नहीं रहते
- संतानों को कई प्रकार केगेग लग जाते हैं और जताक को उनसे किसी प्रकार का सुख प्राप्त नहीं होता।

**उपाय -**

अशुभ सूर्य की इस अशुभता को दूर करने के लिए जातक को आगे दि गये उपाय काम मे लाने चाहिए।

- जातक को चाहिए कि वह पारम्परिक रीति-रिवाजों को विशेष महत्व दे।
- धर्म एवं देवी-देवताओं को अंध विश्वास की बातें मानकर किसी भी दशा में उनकी अवहेलना न करे।
- अपने पूर्वजों को विशेष आदर सम्मान दे और हर प्रकार से उन्हें प्रसन्न रखने का उपाय करे।
- दान लेना बुरा नही है- किन्तु धर्म स्थल पर चढ़ायी गयी वस्तुओं का ही दान ले। सीधे किसी से दान लेना उचित नहीं।

- सन्तानों को सुखी एवं निरोगी रखने के लिए रात में अपनी शैया के नीचे जल का पात्र अवश्य रखें।
- घर में गंगा जल रखना शुभ रहेगा

## टोटके -

- ज्वार की रोटी बनाकर कुत्ते को खाने के लिए दें।
- सफेद चींटियों को चीनी खिलाएं।
- रात्रि को भोजन करने के उपरान्त चूल्हें पर दूध के छींटे देकर आग बुझाएं।
- तांब का गोल पतरा बनाकर गले में पहनें।

## लाल किताब के लेखक क मत

- ऐसे व्यक्ति को स्त्री व धन के अधिक परवाह न होगी।
- अड़तालीस वर्ष की आयु के बाद उसके बुरे दिन अच्छे हो जायेंगे।
- ऐसे व्यक्तिको क्रोध जल्दी आ जाता है।

## सूर्य -सातवां भाव

सातवें भाव में स्थित सूर्य अपनी स्थिति के अनुसार व्यक्ति को शुभ अशुभ फल प्रदान

करता है। यह हम सातवें भाव के सूर्य के शुभाशुभ फलों एवं उपायों का उल्लेख कर रहे हैं।

## शुभ स्थिति-

व्यक्ति की कुण्डली में सूर्य सातवें भाव की शुभ स्थिति में हो और बुध, गुरू तथा

शुक्र दूसरे, तीसरे अथवा पाँचवें भाव में स्थित हो तो ऐसा व्यक्ति जीवन भर घर से बाहर अर्थात् परदेश में रहता है। किन्तु उसकी मृत्यु पैतृक स्थान पर ही होती है।

- कुण्डली में गुरू, मंगल एवं चन्द्रमा दूसरे भाव में स्थित हो और सातवें भाव का सूय शुभ स्थिति में हो तो यह स्थिति वक्त के लिए अत्यन्त शुभ होती है। प्राय: कहा जाता है कि ऐसे जातक को मंत्री पद प्राप्त होता है।
- कुण्डली में बुध उच्च काहो और सूर्य सातवें भाव में शुभ स्थिति में हो तो ऐसा जातक धनवान तो होता है- किन्तु गुणवान बद्धिमान होना बिल्कुल आवश्यक नहीं होता।
- सातवें भाव में सूर्य की शुभ स्थिति होने पर जातक अत्यंक क्रोधी एवं स्वार्थी होता है।

  ऐसा जातक पर कुछ इस प्रकार की विपत्तियाँ आती हैं कि उनसे घबरा क रवह या तो अपना घर छोड़ देता है -या आत्म-हत्या कर बैठता है।
- सातवें भाव के सूर्य के साथ शनि अथवा बुध दूसरे भाव में स्थित हो तो ऐसा जातक दूसरों के कारण विपत्तियों से घिरा रहता है।

## अशुभ स्थिति-

सातवें भाव में स्थित सूर्य अपनी अशुभ स्थिति के कारण जातक को निम्नलिखित अशुभ फल देता है।

- सातवें भाव के सूर्य के साथ बुध नवें भाव में हो तो जातक बुद्धिमान होता है- किन्तु उसे मित्रों की संख्या कम होती है और लोग उस पर विश्वास नहीं करते।
- कुण्डली में दूसरे भाव में पाप ग्रह बैठे हों और अशुभ सूर्य सातवें भाव में हो तो जातक अपने वैवाहिक जीवन के कारण दुःखो रहता है और ऐसे में कभी भी अपना घर भी छोड़ देता है।
- कुण्डली में ग्यारहवें भाव में गुरू अथवा शुक्र और सातवें भाव में अशुभ सूर्य होने पर जातक अत्यंत भाग्यहीन होता है।

## उपाय -

- रसोई की अग्नि हमेशा दूध से शान्त करें।
- सन्तान सहयोग दे तो तांबा धरती में दबाएं।
- धार्मिक बनें, आचरण सीखें।

## टोटके -

- भोजन करने से पूर्व अग्नि को अवश्य जिमाएं।
- काले रंग की गाय की सेवा करना उत्तम होगा, उसे लड्डू खिलाएं।
- श्मशान कि मिट्टी से अपने घर की चौखट (देहली) को लीप दें।

## लाल किताब के लेखक का मत

- ऐसे व्यक्तिज के भाग्य का सूरज सदैव चमकता होगा।

- सनन्तान उत्पन्न होने से धन लाभ, परन्तु माता-पिता, परिवार व ससुराल वालों से इसके जीवन पर बुरा प्रभाव पड़ेगा।
- निःसंदेह संसार के लाखों दुःख और मुसीबतें देखनी पड़ेंगी, परन्तु फिर भी ऐसा व्यक्ति धन- धान्य से परिपूर्ण होगा।

## सूर्य- आठवां भाग

### शुभ स्थिति-

- सूर्य के इस भाव में शुभ होने से व्यक्ति को विशेष लाभ होगा। सूर्य के कारण सभी शत्रु व्यक्ति के सामने परास्त हो जाएंगे।
- जीवन के मध्याह्म में सरकारी नौकरी से अथवा व्यापार से उन्नति प्राप्त होगी जीवन उन्नतिशील होगा।
- सूर्य के शुभ होने पर व्यक्ति विभिन्न कलओं में निपुण, बुद्धिमान और राजयोग से सम्मानित होगा। धन सम्मान की उसके जीवन में कोई कमी नहीं रहेगी।

### अशुभ स्थिति-

- सूर्य के आठवेक भाव में होने पर यदि बुध दूसरे भाव में हो तो जातक की

  आर्थिक स्थिति अत्यंत खराब होगी।
- आठवें भाव में सूर्य अशुभ हो और गुरू भी अशुभ हो तो ऐसा जातक भाग्यहीन होता है।

  मेहनत करने भी उसे मेहनत का फल नहीं मिलता है। इसके जीवन में अनेक कठिनाइयां होंगी।

- सूर्य आठवें भाव में स्थित हो और गकुरू भी अशुभ हो त्तो जातक व उसके परिवार के लोग अल्पायु होंगे, बड़ा भाई न होने पर मंगल भी अशुभ प्रभाव देने वाला होगा।
- सूर्य के अशुभ होने पर जातक जल्दी ही हताश होने वाला दुष्ट प्रवृत्ति का होगा।

**उपाय -**

- सूयोदय होने पर सूर्य को जल चढ़ाएं एवं प्रणाम करें।
- दीर्घायु के लिए गाय की सेवा करें।
- घर का मुख्य द्वार पश्चिम में रखें।
- तांबे का दान करना लाभदायक होगा
- रोगी हमेशा दूर रहें।
- गाय अथवा माता की सेवा करें।

**टोटका-**

- किसी कार्य को आरम्भ करने से पहले मुँह मीठा करें।

## लाल किताब के लेखक का मत

- ऐसा व्यक्ति अपने पारिवारिक लोगों के लिए अपना सब कुछ न्यौछावर करने वाला होगा, परोपकारी होगा, वह कभी रोटी के लिए भूखा नहीं मरेगा।

## सूर्य -नौंवा भाव

### शुभ स्थिति-

- नौवें भाव में सूर्य के शुभ होने पर व्यक्ति सहनशील तथा श्रेष्ठविचारों वाला होगा। वह आज्ञाकारी पुत्र होगा, स्नेहशील पिता एवं पति होगा।
- वह बड़ी ही मेहनत से अपने परिवार का पालन-पोषण करने वाला होगा। बेईमानी से उसे घृणा होगी।
- ऐसे व्यक्ति को जीवन में सभी प्रकार की सुख-सुविधाएं प्रापत होंगी। सरकारी नौकरी प्राप्त होगी, उसे पुत्र सुख की प्राप्ति होगी।
- सूर्य के साथ उसके मित्र ग्रहों के शुभ होने पर जातक की आयु लम्बी होगी। उसे अपने जीवन में समस्त सुख-साधनों की प्राप्ति होगी। उसे अपने जीवन में प्रत्येक स्थिति में जीविका मिलती रहेगी।

### अशुभ स्थिति-

- सूर्य के नौवें भाव में अशुभ होने पर जातक दुष्ट प्रवत्ति वाला होगा।
- अशुभ स्थिति होने पर सूर्य जातक के लिए कष्टकारी होता है, उसे किसी भी सम्बन्धीमित्र से मुसीबत में सहायता नहीं मिलेगी। परेशानी होने पर सभी उससे दूर भागेंगे।
- नौवें भाव में अशुभ होने पर सूत्र के प्रभाव के कारण जातक को भाई का सुख प्राप्त नहीं होता ।
- भाई के होने पर भी जातक के लिए वह परेशानी खड़ी करने वाला दुश्मनों के समान होगा।
- जातक क्रोधी और चरित्रहीन होता है।

**उपाय -**

- किसी से कोई भी वस्तु बिना मूल्य चुकाए नहीं लेनी चाहिए।
- चन्द्र से सम्बन्धित वस्तुएं ब्राह्मण को दान दें।
- चरित्र कके उज्जवल रखें।
- किसी भी पाप कर्म में लिप्त न हों।
- काल गाय की सेवा करें।
- पिता व माता की आज्ञा मानें। ईश्वर के समान उनकी सेवा करें।

**टोटके -**

- चाँदी एवं चावल घर के अंधेरे कमरे रखें।
- तांबे का सिक्का चालीस अथवा इकतालस दिन तक चलते पानी में बहाएं।
- हल्दी से बनी वस्तु किसी व्यक्ति को न खिलाएं।

  लाल किताब के लेखक का मत -ऐसे व्यक्ति के बाप, दादा चाहे कितनी भी आयु के बाद मरे हों, परन्तु वह स्वयं एक लम्बी आयु वाला होगा।
- ऐसे व्यक्ति के घर का दरवाजा यदि दक्षिण दिशा की ओर होगा, तो वह हानिकारक होगा।
- यदि ऐसा व्यक्ति कोई वैद्य, हकीम या डॉक्टर होगा, तो उसके हाथों से बहुत से रोगियों का फायदा होगा।

## सूर्य - दसवां भाव

### शुभ स्थिति-

- दसबें भाव में आर्थिक स्थिति सूर्य के प्रभाव में उत्तम रहेगी।
- ऐसे जातक की कुण्डली में राजयोग का फल होगा। उसे सरकारी नौकरी में उच्चाधिकारी का पद प्राप्त होगा।
- साथ ही वह भोजन की सभी सुख सुविधाओं को प्रापत कर सकेगा। उससे पास नौकर-चाकर तथा वाहन आदि सभी भौतिक साधन होंगे। कुल मिलाकर वह एक सफल व्यक्ति होगा।

### अशुभ स्थिति-

- सूर्य दसवें भाव में अशुभ हो तो जातक बहुत ही शक्की स्वभाव का तथा सनकी होता है।
- सूर्य की दसवें भाव में यदि चन्द्रमा हो जतो जातक अल्पायु होगा।
- सूर्य दसवें भाव में और चन्द्रमा पाँचवें भाय में यदि हो तो जातक का पुत्र रोगी होगा

  एवं भगवान को न मानने वाला नास्तिक होगा, जिससे जातक के हृदय को बहुत कष्ट होगा।

### उपाय -

- काली गाय की सेवा एक वर्ष, छह माह तक करें।
- माता का भूलकर भी अनादर न करें अन्यथा जीवन में बहुत अधिक कष्ट उठाने पड़ेगे।

नित्य मां के चरण स्पर्श कर उनसे आशीर्वाद लें।

- अपनी परेशानियों को कभी किसी पराए व्यक्ति से न कहें। कहने से समस्या ओर अधिक बढ़ जायेगकी।
- नीने कस्त्रें का प्रयोग न करें।

मंस-मदिरा का सेवन न करें। किसी को दूषित निगाहों से न देखें। भूलकर भी किसी से झूठ न बोलें।

## टोटके -

- गाय के दूधमें गंगाजल मिलाकर उसे पीतल के बतन में डालकर घर में रखें।
- सिर पर हमेशा टोपी रखें।
- ताबे के सिक्के को बहते पानी में तीस दिन तक बहाएं।
- यदि आपके घर के पास कोई कुआं है तो उसमें चार बताशे व हल्दी की एक गाँठ लेकर कलावा रखकर काए में डाल दें।
- अंधेरी रात में पीपल के वृक्ष के नीच घी का दीपक जलाएं।
- लाल बकरी का दूधा बरगद की जड़ में प्रवाहित करें।

## लाल किताब के लेखक का मत

भाग्य, धन एवं स्वास्थ्य का स्वामी होगा, मगर वहमी अवश्य होगा।

- यदि ऐसा व्यक्ति अपने दुःख दसूरों को सुनाएगा, तो वह और अधिक परेशान हो जाएगा, उसकी बर्बादी की यह पहली निशानी होगी।

## सूर्य - ग्यारहवां भाव

### शुभ स्थिति-

- सूर्य के ग्यारहवें भाव में शुभ स्थिति होने पर व्यक्ति को आज्ञकारी पुत्र की प्राप्ति होगी।
- व्यक्ति धार्मिक प्रवृत्ति वाला व ईश्वर में अटूट आस्था रखने वाला होगा।
- व्यक्ति लम्बी आयु वाला व शान्ति प्रिय होगा।
- राजसुख का फल प्राप्त करेगा।
- भाईयों एवं मित्रों को पूर्ण सहयोग मिलेगा। कुल मिलाकर उसका जीवन उत्तम होगा।

### अशुभ स्थिति-

- सूर्य के ग्यारहवों भाव में अशुभ होने पर व्यकित दुष्ट प्रवृत्ति का, झूठ बोलने वाला तथा झगडालू होगा।
- सूर्य के ग्यारहवें भाव में अशुभ होने पर यदि व्यक्ति की कुण्डली में चन्द्रमा आठवें स्थान पर हो तो व्यक्ति निः- सन्तान तथा हराम का माल खाने वाला व पक्का आलसा होगा। उसे मेहनत से कार्य करना ही नहीं आता होगा।
- व्यक्ति अल्पायु होगा। कम आयु में ही किसी दुर्घटना का शिकार हो जाएगा।

### उपाय-

- शनि की वस्तुएं दान देकर उसे प्रसन्न करें।
- काले वस्त्र साधुओं को दान दें।

- किसी से धोखा न करें अन्यथा आप अपने सम्बन्धियों एवं मित्रों से भी धोखा खा सकते हैं।
- मांस - मदिरा का सेवन न करें अन्यथा सन्‍तान से वचित रहेंगे।

## टोटके -

- रात्रि में सूखे मेवे अपने सिरहाने रखकर सोयें और सुबह मन्दिर में जाकर इसका प्रसाद बांटें।
- किसी पशु को पालें या फल वाला पौधा लगाएं।

## लाल किताब के लेखक का मत

- लालची होगा मगर तपस्वी राजा की हैसियत का स्वामी होगा।
- यदि ऐसा व्यक्ति ईमानदार हो तो स्वयं और उसका पूरा परिवार सुखी होगा।
- यद्यपि पूरा धर्मी मगर केवल अपना ही ऐश्वर्य को पसन्द करेगा।
- यदि ऐसा व्यक्ति शनि के गन्दे खानों से दूर रहे तो काम से कम तीने अच्छे लड़कों का पिता होगा।
- झूठ और हरामकारी का पुतला होगा, फिर भी उसकी लम्बी आयु होगी।

## सूर्य -बारहवां भाव

### शुभ स्थिति-

- सर्यू के बारहवें भाव में स्थिति होने पर ऐसे व्यक्ति को उत्तम चरित्र एवं सुन्दरता से पूर्ण स्त्री प्राप्त होगी।
- सूर्य के बारहवें भाव में होने पर सूर्य व शनि भी लड़ेंगे नहीं इसलिए व्यक्ति धार्मिक प्रवृत्ति का होगा। उसे उत्तम सन्तान प्राप्त होगी।
- सूर्य इस भाव में होने पर व्यक्ति मेहनती एवम् आर्थिक स्वअर्जित सम्पत्ति से अपने परविर का पालन करेगा।

### अशुभ स्थिति-

- सूर्य के बारहवे भाव में अशुभ होने पर व्यक्ति बुद्धिहीन तथा दूसरो से ईर्ष्या करने वाला होता है।
- सूर्य के अशुभ होने पर यदि चन्द्र छठे भाव में हो तो जातक किसी गम्भीर दुर्घटना का शिकार होकर किसी अंग से विहीन हो जाएगा।
- उसे अपने द्वारा किए गये व्यापार मे घाटा उठाना पड़ेगा।

### उपाय -

- सूर्य से सम्बन्धित कार्य करें। राहु को प्रसन्न करें।
- किसी के झगड़े में व्यर्थ ही न पड़ें।
- ईश्वर में पूर्ण आस्था रखें, धार्मिक कार्य करते रहें।
- घर में हमेशा सूर्य का प्रकाश आता रहे।
- किसी को धोखा न दें, न ही किसी से झूठ बोले।

## टोटके -

- घर में बरामदा अवश्य बनाएं।
- घर में तुलसी का पौधा अवश्य लगाएं।

लाल किताब के लेखक का मत

- ऐसे व्यक्ति लंगोट के पक्के नहीं होते और यदि हो जाएं तो वे एक बड़ी सम्पत्ति के स्वामी होंगे।
- धनी हो या निर्धन, स्वामियों जैसे प्रवृत्ति वाला होगा।
- अपनी कमाई से अपना जीवन -सुख - सम्पन्न करेगा।
- स्वतन्त्रता पसन्द व जिन्दादिल व्यक्ति होगा।
- व्यापार सवे लाभ होगा, परन्तु लोहे का व्यापार न करें। इससे वह शनि की ओर उन्मुख होगा।

## सामान्य परिचय-

चन्द्र सभी ग्रहों में शान्त एवं शीतलता प्रदान करने वाला ग्रह है जिसे सूर्य से प्रकाश प्राप्त होता है।

चन्द्र को फारसी में कमर तथा अंग्रेजी भाषा में ||||00||4 (मून) कहते हैं। इसका वार सोमवार है। इसका रंग सफेद है। यह एक स्त्री ग्रह है। इसका भाव चौथ है। सूर्य व बुधा इसके मित्र हैं। शुक्र, शनि, मंगल सम हैं। इसका काल चौबीस दिन, चौबीस वर्ष, आयु सौ वर्ष होती है।

## चन्द्र- पहला भाव
## शुभ स्थिति-

- चन्द्र के पहले भाव में शुभ होने पर जातक दीर्घायु व भा-ग्यशाली होगा।

- जातक उच्च शिक्षा प्राप्त करेगा, तथा उसे उन्नति व मान-सम्मान की प्राप्ति होगी।
- जातक अपने जीवन काम में धन सम्पत्ति प्राप्त करेगा तथा उसे राजसुख की प्राप्ति होगी।
- जातक को पैतृक संपत्ति लाभ मिलगा तथा धन में वृद्धि होगी।
- जातक के पुत्र प्राप्ति होगी तथा पुत्र का नाम रोशन करने वाला होगा।
- जातक को जीवन के मध्याह्य में वाहन सुख अवश्य मिलेगा।

**अशुभ स्थिति-**

- चन्द्रमा पहले भाव मे अशुभ हो तो जातक निर्धन हो जाएगा।
- जातक को जीवन में कभी सुख और आराम नहीं मिलेगा।
- चन्द्र के अशुभ होने पर जातक को माता के स्नेह से वंति रहने पड़ेगा।
- शुक्र से सम्बन्धित कार्यो को करने से दुखों में वृद्धि होगी।

**उपाय-**

- बडों का सम्मान करें। उनकीसेवा करके उनसे आशीर्वाद ग्रहण करें।
- मंगल से सम्बन्धित वस्तुओं का दान करें।

घर में गाय पालें। ध्यान रहे कि दूध बेचें नहीं।

## टोटके -

- चाँदी के बर्तनों में खीर खाएं अथवा चाँदी की कटोरी में मीठी दही खांए।
- पीपल के वृक्ष की जड़ में गाय का दूध मीठा करके डाले।
- अपने बिस्तर के चारों ओर चाँदी के पत्तर लगा लें।
- वर्षा का जल को संभाल कर रखें और पूर्णिमा को उसे नये घर में छिड़कें।

लाल किताब के लेखक का मत

- ऐसे व्यक्ति की आयु लगभग 90 वर्ष की होगी। राजदरबार में इज्जत व कामयाबी मिलेगी।
- सन्तान का सुख प्राप्त होगा।
- विद्या व धन का स्वामी होगा।
- ऐसा व्यक्ति यदि अपने माता-पिता का आदर करेगा तो उसके धन- सम्मान में वृद्धि होगी।
- ऐसे व्यक्ति के लिए सभी सवारियों का सुख होगा।

## चन्द्र - दूसरा भाव
## शुभ स्थिति-

- चन्द्र के दूसरे भाव में शुभ होने पर व्यक्ति को मित्रों व भाईयों का पूर्ण सहयोग प्राप्त होगा।
- व्यक्ति धनवान व भाग्यवान होगा।
- माता का पूर्ण सहयोग प्राप्त होगा।

- माता पिता की सेवा से जातक को संतान की प्राप्ति होगी तथा वह आज्ञाकारी पुत्र व पुत्रियों को प्राप्त होगा।

**अशुभ स्थिति-**

- चन्द्र के दूसरे भाव में अशुभ होने पर जातक को सतान सुख की प्राप्ति नहीं होगी।
- जातक स्वार्थी और दुष्ट होता है।
- चन्द्रमा के दूसरे भाव में अशुभ होने पर जातक को जीवन के अन्तिम काल से गम्भीर बीमार का समाना करना पड़ेगा।
- चन्द्रमा यदि अशुभ हो तो जातक को सरकारी नौकरी प्राप्त नहीं हागी।

**उपाय -**

- बड़े बुजुर्गों की सेवा करें उनका सम्मान करें। उनका हृदय कदापि न दुखाएं अन्यथा आपको भी सुखों की प्राप्ति न होगी।
- चन्द्र से सम्बन्धित वस्तुएं दान करें।
- चन्द्र से सम्बन्धित वस्तुएं घर में स्थापित करने से मन को शान्ति प्राप्त होगी।
- चांदी का पत्तर मुख्य द्वार के दायीं ओर गाड़ दें।
- चांदी के बर्तन में खीर रखकर उस खीर को सफेद गाय अथवा किसी ब्राह्मण के पुत्र को खिलाने से चन्द्र की अशुभता समाप्त होगी।

## टोटके -

- घर के आंगन में कपिला गाय का गोबर लेप करें।
- कन्याओं को खीर खिलाएं, तथा हरे रंग के वस्त्र दान दें।
- घर के दरवाजे के दायीं ओर चाँदी की वस्तुएँ बाँधें।

  बरगद के वृक्ष की शाखा में कलवा बाँधकर घर में रखें

  लल किताब के लेखक का मत - ऐसे व्यक्ति का पारिवारिक वंश कभी समापत न होगा।
- ऐसे व्यक्ति की बहन भले ही न हो, परन्तु भाई कई होते हैं।
- धनवान व माता-पिता का सहयेग इसके साथ होगा।
- वैसे तो आयु केवल 25 वर्ष की ही होगी, वरना 25 /34 साल की अवधि गरीबी से भरपूर होगी।

## चन्द्र - तीसरा भाव
## शुभ स्थिति-

- तीसरे भाव में चन्द्रमा के शुभ होने पर जातक शान्तिप्रिय तथा सभी गुणों से पूर्ण होता है।
- जातक का चरित्र उज्जवल चन्द्र के समान होता है।
- तीसरे भाव में चन्द्रमा के शुभ होने पर जातक सत्यप्रिय तथा झूठ से घृणा करने वाला होता है।
- चन्द्र के शुभ होने पर यदि कुण्डली में बुधा भी हो तो जातक को आपार धन संपत्ति प्राप्त होगी, निर्धान होते हुए भी वह धन वैभव से पूर्ण जीवन व्यतीत करेगा। चन्द्रमा की कृपादृष्टि उस पर सदा बनी रहेगी।

**अशुभ स्थिति-**

- चन्द्र के तीसरे भाव में अशुभ होने पर जातक की पैतृत सम्पत्ति नष्ट हो जाएगी।

**उपाय-**

- चन्द्रमा तीसरे भाव में अशुभ हो तो बुधा को प्रसन्न करने का उपाय करें।
- प्रतिदिन पूजा अर्चना करने के लिए मन्दिर में जाकर प्रसाद चढ़ाएं।
- ईश्वर पर विश्वास रखें। धर्म के प्रति आस्थावान रहें।
- चरित्र उज्जवल रखें।
- माता पिता की सेवा करें, उनसे आशीर्वाद लें।
- विवाह में ससुराल स चांदी से सम्बन्धित वस्तुएं दान रूप में लें।
- वृद्धा स्त्री को सफेल वस्त्र दान करें तो शुभ होगा।

**टोटके -**

- चाँदनी रात में दूध से सिर धोएं।
- कन्या के जन्म पर चन्द्र से सम्बन्धित वस्तुओं का दान अवश्यक करें अन्यथा घर के नष्ट होने की सम्भावना होगा।

**लाल किताब के लेखक का मत**

- मैदानें जंग में हमेशा विजयी होगा।

- शक्तिशाली होगा व 80 साल की आयु तक जीवित रहेगा।
- खुले दिल का तथा बोलने में बुद्धि का प्रयोग करने वाला होगा।
- राजयोग होगा और माता-पिता के सुख -सागर से उत्तम बल मिलेगा।
- इनके घर में कभी चोरी नहीं हागी।

## शुभ स्थिति-

- चन्द्र चौथे भाव में शुभ हो तो व्यक्ति न्यायप्रिय व असत्य से घृणा करने वाला होगा।
- वह अपने जीवन में कभी भी असत्य नहीं बोलता।
- चन्द्र के चौथे भाव में शुभ होने पर व्यक्ति विलक्षण प्रति-भाका धनी व दयालु प्रवृत्ति का होता है।
- कुल मिलाकर चन्द्र शुभ होने पर जातक को सभी प्रकार की सुख- सुविधाएं देने वाला होगा।

## अशुभ स्थिति-

- चौथे भाव में अशुभ चन्द्र जातक को जीवन भर कष्ट देता है।
- जातक लालची और दुष्ट प्रवृत्ति का होगा।
- जीवन में उसे प्रत्येक जगह तिरस्कार प्राप्त होगा।
- चौथे भाव में अशुभ चन्द्र का जातक चुगलरखोर प्रवृत्ति का हहोगा। वह अपनी सभी रहस्य दूसरों को बता देगा जिस कारण उसके शत्रु हमेशा उसका लाभ उठाएंगे।

## उपाय -

- सूर्य से सम्बन्धित वस्तुओं का दान परिवार की कुशलता के लिए अवश्य करें।
- ससुराल से चन्द्र से सम्बन्धित वस्तुएं प्राप्त करने से चन्द्र का अशुभ फल कम होता है।
- शिव की उपासना करने से लाभ होगा।
- पैतृक संपत्ति का विक्रय कदापि न करें।
- दूध का दान अवश्य करें।

## टोटके -

- रात्रि को दूध का सेवन कदापि न करें।
- पीपल के वृक्ष को दूध से प्रतिदिन रोपें।
- घर में अंधोरी कोठरी में यज्ञ करें।

## लाल किताब के लेखक का मत

- ऐसे व्यक्ति का अच्छा व्यवहार वंशानुगत होने का सबूत होगा।
- राजदरबार से धन और लम्बी समुद्री यात्रओं से लाभ होगा।
- जीवन में इतना सुख मिलेगा कि उसे दुःख का पता ही न चलेगा।
- खर्च करने पर धन में वृद्धि होगी।
- घर में पुत्र के जन्मदिन पर प्रसिद्धि प्राप्त होगी।

चन्द्र - पांचवां भाव

## शुभ स्थिति-

- पाचवें भाव में चन्द्र के शुभ होने पर जातक सभी गुणों से परिपूर्ण होगा।
- जातक को माता का स्नेह प्राप्त होगा, माता जातक के लिए उत्तम कामनाएं करने वाली होगी।
- जातक दूसरों के प्रति दयालु होगा, दूसरों के दुःख में दुःखी होने वाला, सभी से स्नेह करने वाला होगा। सभी व्यक्ति उससे स्नेह व्यवहार रखेंगे।

## अशुभ स्थिति-

पांचवें भाव में चन्द्र के अशुभ होने पर जातक को जीवन पर्यन्त अनेक कठिनाईयों का सामना करना पड़ेगा।

- जातक को पैतृक संपत्ति सुख प्राप्त नहीं होगा।
- जातक को व्यापार में घाटा उठाना होगा।
- जातक गलत संगति में पड़कर दुर्व्यसनों का शिकार होगा।

## उपाय-

- सोमवार को उपवास रखें, सफेद वस्तुएं पानी में बहाएं।
- मन में किसी के लिए भी बुरा विचार न लाएं।
- किसी से झगड़ा न करें तथा किसी के लिए अशुभ शब्दों का प्रयोग करेंगे तो कष्ठ उठाएंगे।

## टोटके -

- चन्द्र सम्बन्धी कोई भी कार्य मुँह मीठा करके करें।
- सोमवार के दिन सफेद कपड़े में चावल और चीनी रखकर उसमें दो सफेद रंग के फूल रखें, फिर उस कपड़े को पानी में बहा दें।

## लाल किताब के लेखक का मत

- धनवान, ईमानदार होने के कारण बच्चों का पालन-पोषण, शिक्षा -दीक्षा अच्छी होगी।
- ऐसा व्यक्ति कभी भी किसी के सामने नहीं झुकेगा।
- कम से कम पाँच पुत्रों का पिता होगा।
- अपने भेद न छुपाने के कारण उसका भेदी ही उसे तबाह करेगा।

## चन्द्र- छठा भाव

## शुभ स्थिति-

- चन्द्र के छठे भाव में शुभ होने पर जातक उत्तम चरित्र का स्वामी होगा।
- चन्द्र के शुभ होने पर साथ में यदि गुरू हो तो जातक को उत्तम फल प्राप्त होगा।
- जातक अनेक विद्याओं में निपुण होगा।
- छठे भाव में चन्द्र के शुभ होने पर जातक को सहयोग की प्राप्ति होगी।

जतक के विद्या अध्ययन के मार्ग में बाधाएं आएंगी परन्तु उसके दृढ़ निश्चय के कारण विद्या पूर्ण अवश्य ही होगी।

- जातक सोच विचार कर निर्णय लेने में समर्थ होगा।

## अशुभ स्थिति-

- यदि चन्द्र के छठे भाव में अशुभ होने पर शुक्र व केतु भी अशुभ हों तो जातक के परिवार में कोई भीषण दुर्घटना घटेगी जिससे जातक के परिवपार-जनो को हानि उठानी पड़ेगी।
- यदि चन्द्र अशुभ हो तो जातक किसी दुर्घटना में अपने किसी अंग को खो देगा अर्थात् उसका कोई अंग दुर्घटना का शिकार होगा।
- चन्द्र छठे भाव में अशुभ हो तो जातक की माता बाल्यकाल में और पिता यौवन काल में स्वावासी हो जाते हैं।
- **जातक अल्पायु होगा।**

## उपाय -

- माता पिता की सेवा सच्चे ह्रदय से करें।
- मंगल एवं गुरू की वस्तुए दान करें।
- दूध का विक्रय कदापि न करें।
- किसी का बुरा न करे। लालच से दूर रहें।
- यात्रियों के लिए निर्जन रास्तों पर जलकूप का प्रबन्ध कराएं, शुभ होगा।

## टोटके -

- चन्द्र की वस्तुएं घर में स्थापित करें।
- दही में चीनी डालकर उसे मिट्टी के बर्तन में रखकर चाँदनी रात में छत पर रखे। सुबह

होने पर उसे पक्षियों को खिलाएं।

- खरगोश या कतूबर घर में पालने से शुभ होगा।

लाल किताब के लेखक का मत

- ऐसे व्यक्ति के लिए लाल किताब के लेखक का कहना है कि जैसा बोएगा, वैसा काटेगा।
- ऐसे व्यक्ति को लिए दूध विष का कार्य करेगा, यदि वह रात्रि में दूध का प्रयोग करेगा।
- ऐसा व्यक्ति स्वयं या उसकी पत्नी एक आँ की काणी होगी।
- माता का साया बचपन में ही सिर से उठ जायेगा।

## चन्द्र - सातवां भाव

## शुभ स्थिति-

- सातवें भाव में चन्द्र के शुभ होने पर जातक सभी बाधाओं को पार कर उच्चकशिक्षा प्राप्त

करेगा। विद्या से धान अर्जित करेगा।

- जातक मृदुभाषी होगा और राज्य में सम्मलित होगा।
- चन्द्र के शुभ होने पर जातक निर्धन होगा किन्तु वह सभी प्रकार के सुख प्राप्त करेगा।

## अशुभ स्थिति-

- चन्द्र के सातवें भाव में अशुभ होने पर जातक को बचपन में माता का स्नेह नहीं मिलेगा। वह बचपन में बहुत दुःरवी रहेगा।

- अशुभ चन्द्र सातवें भाव में हो तो व्यक्ति को पुत्र तो होगा, परन्तु उसका सुख व्यक्ति को नहीं मिलेगा।

  चन्द्र के अशुभ होने से व्यक्ति की माता और पिता शीघ्र ही मर जाएंगे, जिससे वयिक्त को कम आयु में पारिवारिक जिम्मेदारी का बोझ उठाना पड़ेगा।

- व्यक्ति जीवन के अन्तिम काल में बीमारियों से घिर जाएगा।

## उपाय-

- किसी से बिकना विक्रय के कोई वस्तु न लें।

- विवाह में ससुराल से चन्द्र की वस्तुएं अवश्य लें।

## टोटके -

- चाँदनी रात में खुले स्थान पर दूध रखें। सुबह उस दूध से खीर बनाकर बच्चों का खिलाएं।

- एक घड़े में गंगा जल भर कर घर में रखें तथा प्रत्येक रात्रि का उस स्थान पर, जहा घड़ा रखा हो, दीपक जलाएं।

## लाल किताब के लेखक का मत

- व्यक्ति अपनी शादी के दिन घर में यदि दूध (अपनी पत्नी के वनज के बराबर) रखेगा तो उसकी सन्तान को दूधा की

कमी कभी न होगी। वरना इन्द्र, शुक्र का झगड़ा, पत्नी की अपनी माता या धन बरबाद होंग।

- माता का आदर -सम्मान करेन से स्वयं का आदर -सम्मान होगा
- दूध बेचने से धन व सनन्तान में कमी होगी।

## चन्द्र -आठवां भाव

## शुभ स्थिति-

- चन्द्र आठवें भाव में शुभ हो तो जातक को स्नतान सुख अवश्य प्राप्त होगा। चन्द्र यदि आठवें भाव में शुभ होगा तो वह जातक को शान्ति प्रदान करने वाला होगा।

  चन्द्र यदि शुभ हो तो जातक कामदेव सदृश अर्थात् अति सुन्दर होगा।
- चन्द्र केक आठवें भाव में शुभ होने पर जातक दीर्घायु होगा।

## अशुभ स्थिति-

- आठवें भाव में अशुभ चन्द्र जातक को आजीवन कष्ट देगा।
- चन्द्र के आठवें भाव में अशुभ होने पर चन्द्र के सम ग्रह भी उसको अशुभ फल देंगे।
- चन्द्र आठवें भाव में अशुभ होने पर चन्द्र के सम ग्रह भी उसको अशुभ फल देंगे।
- चन्द्र आठवों भाव में अशुभ हो तो पैतृक संपत्ति से अशुभ प्राप्त होगा।
- आठवें भाव में अशुभ चन्द्र माता को कष्ट पहुंचाएगा।
- आठवें भाव म चन्द्र अशुभ होकर शारीरिक कष्ट देगा।

**उपाय -**

- किसी भी गलत कार्य में लिप्त न हों।
- दूध का दान करना शुभ होगा।
- बड़ों के आशीर्वाद से, विशेषकर माता के आशीर्वाद से, चन्द्र का अशुभ प्रभाव कम होगा।
- शरस व मांस का सेवन करें।
- अहिंसा का पालन करें।

**टोटके -**

- चन्द्र से सम्बन्धित वस्तुयें पानी में बहाने से लाभ होगा।
- चाँदी की अंगूठी में मोती जड़वाकर अनानिका अंगुली में धारण करें।
- श्मचान के कुंए अथवा लन से पानी लाकर घर में रखें।
- गाय की पूजा करें, उसे हरी दूकब खिलाएं।

लाल किताब के लेखक का मत

- यदि ऐसा व्यक्ति किसी निर्धन घर मैं पैदा हुआ होगा, तो भी उसका भविष्य उज्जवल होगा।
- मृत्यु के समय वह अपने क्षेत्र या अपने घर पर ही होगा।
- ऐसा व्यक्ति कवि या ज्योतिष विद्या में निपुण भी हो सकता है। लोग इसके चरित्र को

  शक की दृष्टि से देखेंगे।
- 34 वर्ष की आयु तक ऐसा व्यक्ति धन जमा कर पाएगा।
- बच्चों और वृद्धों के पाँव धोने से हर क्षेत्र में बचाव होगा।

## चन्द्र -नौंवा भाव

### शुभ स्थिति-

- नौवा भाव में शुभ स्थिति होने पर व्यक्ति अनेक विद्याओं को जानने वाला होगा।
- नौवें भाव में चन्द्र सुखों की वर्षा करने वाला होता है।
- यदि नौवें भाव में चन्द्र शुभ हो तो व्यक्ति अपने परिवार का नाम बढ़ाने वाला होगा।

### अशुभ स्थिति

- अशुभ चन्द्र यदि नौवें में हो तो जातक को नेत्र दोष होगा।
- अशुभ चन्द्र नौवों भाव में जातक को शारीरिक कष्ट देगा।
- चन्द्र के नौवें भाव में अशुभ होने पर जातक के मित्र एवं सगे - सम्बन्धी विपत्ति में उसके काम न आएंगे।
- सन्तान की तरफ से भी जातक को कष्ट होगा।

### उपाय-

- चन्द्र से सम्बन्धित वस्तुएं ब्राह्मण को दान करें।
- मन्दिर में जाकर चन्द्र के मित्र गकहों की वस्तुएं दान करें।
- दूध कदापि न बेचें।

### टोटके -

- स्नान करने से पहले पानी में गाय का थोड़ा सा कच्चा दूधा अवश्य मिलाएं।

लाल किताब के लेखक का मत -स्नतान, अत्र व ईमान में वृद्धि होगी

- शत्रु बुरीनजर से विजय प्राप्त न कर पाएगा।
- बीसवें वर्ष तीर्थ यात्र का अवसर मिलेगा। दुनिया उसे चाहे कुछ भी समझे, मग रवह धर्मी होगा।
- बुद्धिमान व गणित विद्या में निपुण होगा।
- दुखियों को आराम देने वाला, नसीब का धनी होगा।

## चन्द्र - दसवां भाव

### शुभ स्थिति-

- दसवें भाव में यदि चन्द्र शुभ हो तो व्यक्ति को धन की कोई कमी न रहेगी।
- दसवें भाव में चन्द्र के शुभ होने से व्यक्ति किसी उच्च पद पर आसीन होगा।
- दसवों भाव में शुभ चन्द्र व्यक्ति के लिए हृदय की शान्ति प्रदान करने वाला होगा।
- जातक जीविकोपार्जन में पूर्ण समर्थ होगा तथा जीवन की सम्पूर्ण भौतिक सुख सुविधाएं अर्जित करेगा।
- जातक उत्तम चरित्र वाला होगा।

### अशुभ स्थिति-

- दसवें भाव में चन्द्र के अशुभ होने पर कोई भी ग्रह सुख नहीं प्रदान करेगा।

- दसवें भाव में चन्द्र के अशुभ होने पर जातक स्नतान की तरफ से सम्पूर्ण जीवन दुःख उठाएगा।
- दसवें भाव में अशुभ चन्द्र के होने से जातक झूठा एवं विश्वसघात से दूसरों को कष्ट पहुँचाने वाला होगा।

**उपाय -**

- गुरू व चन्द्र की वस्तुएं घर में स्थापित करें।
- घर में गाय कदापि न पालें।
- माता- पिता से सम्बन्ध कदापि न बिगाड़ें।
- पैतृक संपत्ति का विक्रय न करें।
- पत्नी पर कदापि अविश्वास न करें, उसे स्नेह दें।
- चन्द्र का उपाय करें, लाभ होगा।

**टोटके -**

- भूमि के नीचे का जल अथवा वर्षा का जल घर में अवश्य रखें।
- तरल औषधियों कभी न खाएं।
- ससुराल के किसी व्यक्ति से पैसा उधार न लें।

लाल किताब के लेखक का मत

- सन्तान, अन्न व ईमान में वृद्धि होगी।
- शत्रु बुरी नजर से विजय प्राप्त न कर पाएगा।
- बीसवें वर्ष तीर्थ यात्रा का अवसर मिलेगा। दुनिया उसे चाहे कुछ भी समझे, मग रवह धर्मी होगा।

- बुद्धिमान व गणित विद्या में निपुण होगा।
- दुखियों को आराम देने वाला, नसीब का धनी होगा।

**चन्द्र - दसवां भाव**

**शुभ स्थिति-**

- दसवें भाव में यदि चन्द्र शुभ हो तो व्यक्ति को धन की कोई कमी न रहेगी।
- दसवें भाव में चन्द्र के शुभ होने से व्यक्ति किसी उच्च पर पर आसीन होगा।
- दसवें भाव में शुभ चन्द्र व्यक्ति के लिये हृदय की शान्ति प्रदान करने वाला होगा।
- जातक जीविकोपार्जन में पूर्ण समर्थ होगा तथा जीवन की सम्पूर्ण भौतिक सुख सुविधाएं अर्जित करेगा।
- जातक उत्तम चरित्र वाला होगा।

**अशुभ स्थिति-**

- दसवें भाव में चन्द्र के अशुभ होने पर कोई भी ग्रह सुख नहीं प्रदान करेगा।
- दसवें भाव में चन्द्र के अशुभ होने पर जातक सन्तान की तरफ से सम्पूर्ण जीवन दुःख उठाएगा।
- दसवें भाव में अशुभ चन्द्र के होने से जातक झूठा व वि-श्वासघात से दूसरों को कष्ट पहुंचाने वाला होगा।

## उपाय -

- गुरू व चन्द्र की वस्तुएं घर में स्थापित करें।
- घर में गाय कदापि न पालें।
- माता पिता से सम्बन्धा कदापि न बिगाड़ें।
- पैतृक संपत्ति का विक्रय न करें।
- पत्नी पर कदापि अविश्वास न करें, उसे स्नेह दें।
- चन्द्र का उपाय करें, लाभ होगा।

## टोटके -

- भूमि के नीचे का जल अथवा वर्षा का जल घर में अवश्य रखें।
- तरल औषधियों कभी न खाएं।
- ससुराल के किसी व्यक्ति से पैसा उधार न ले।

## लाल किताब के लेखक का मत

- ऐसे व्यक्ति की आयु बहुत लम्बी होगी
- फेफड़े और वक्ष रोगों की अधिकता रहेगी।
- ऐसे व्यक्ति की मृत्यु दिन के समय पानी से होगी।
- ऐसा व्यक्ति आँखों के कारण बदनाम होगा।
- ऐसे व्यक्ति के कारण उजड़े घर बसेंगे।
- इसकी माशूका बेवफाई करेगी।

## चन्द्र - ग्यारहवां भाव

### शुभ स्थिति-

- ग्यारहवें भाव में चन्द्र के शुभ होने पर जातक को धन व संपत्ति प्राप्त होगी।
- ग्यारहवें भाव में शुभ चन्द्र के कारण जातक की आयु लम्बी होगी।
- जातक सम्पूर्ण विद्याओं में निपुण होगा।
- ग्यारहवें भाव में चन्द्र शुभ होकर जातक को हृदय की शान्ति प्रदान करता है। जातक को विदेशी भ्रमण का अवसर मिलेगा तथा जातक की सम्पूर्ण इच्छाएं पूर्ण होगी। जातक का जीवन धन वैभव से परिपूर्ण होगा।

### अशभ स्थिति-

- यदि चन्द्र ग्यारहवें भाव में अशुभ हो तो जातक का जीवन कष्टों में बीतेगा। इसलिए सूर्य की वस्तुएं दान करें, लाभ होगा।
- जातक की पत्नी कलह प्रिया होगा जिससे जातक दिन रातका चैन खो देगा। अत: इससे बचने के लिए 24 वर्ष से पहले विवाह न करें।
- चन्द्रमा ग्यारहवें भाव में अशुभ हो तो जातक की मृत्यु किसी शस्त्र के द्वारा होगी।
- जातक को कभी व्यापार नहीं करना चाहिए।
- शनि यदि ग्यारहवें भाव में चन्द्र के साथ होगा तो जातक को कोई गम्भीर रोग होगा।

जतक को भाई का स्नेह न मिले, जातक का भाई शत्रु बनकर उसे केष्ट दे।

**उपाय -**

- ग्यारहवें भाव में चन्द्र के अशुभ होने पर जातक को चन्द्र की वस्तुएं घर में स्थापित करनी चाहिए।
- जातक को प्रतिदिन मन्दिर में जाकर देव अर्चना करनी चाहिए।
- भैरों जी की उपासना करे।
- माता-पिता क सेवा करे, उनसे आशीर्वाद के रूप में चन्द्र की वस्तुएं अवश्य ले।
- यदि सुबह उठकर नित्य प्रति सूर्य को नमस्कार करेंगते तो चन्द्र स्वत: ही प्रसन्न होगा।

**टोटके -**

- ऐसे व्यक्ति को घर में नया नल लगवाना चाहिए।
- दूध से बनी मिठाईयाँ बच्चों में बाँटें।
- पीपल की जड़ पर दीपक जलाएं।
- घर की स्त्रियाँ दूधा से प्रतिदिन सुबह अपनी आँखें धोएं।
- किसी के दिये हुए वस्त्र नवजात शिशु को न पहनाएं।

**लाल किताब के लेखक का मत**

- ऐसे व्यक्ति की आयु लम्बी, मकान का सुख और धन की कमी न होगी।

- कमाई के हिसाब से उसे अच्छी कमाई होगी, परन्तु वह शान्ति से कमाना चाहेगा।

## चन्द्र -बारहवां भाव

### शुभ स्थिति-

- बारहवें भाव में व्यक्ति के लिए चन्द्र उत्तम फल देने वाला होगा। व्यक्ति को हृदय के

  क्षेत्र में यद्यपि सफलता नहीं मिलेगी, परन्तु फिर भी वह जीविकोपार्जन सफलता के साथ करेगा।

- चन्द्र के बारहवें भाव में शुभ होने पर यदि साथ में बुधा भी हो तो जातक अपने परिवापर के लिए उत्तम कार्य करने वाला, परिवार का नाम बढ़ाने वाला होता है।

- चन्द्र यदि बारहवें भाव में हो तो व्यक्ति अपार धन-सम्पति का स्वामी होता है। उसे जीवन के सभी सुख प्राप्त होते हैं।

- व्यक्ति के ससुराल से धन -सम्पत्ति प्राप्त होती है। तथा उसकी पत्नी रूपवान होती है।

### अशुभ स्थिति-

- चन्द्र यदि बारहवें भाव में अशुभ हो तो जातक धनवान होते हुए भी निर्धन हो जाता है।

- जातक ईर्ष्यालु होता ह। वह सदा दूसरों को बुरा चाहता है। इसके कारण सभी लोग उससे जलते हैं।

- जन्म कुण्डली में बारह भाव में अशुभ चन्द्र के कारण जातक की कुल संपत्ति नष्ट हो जाती है और जातक कष्टों में घिर जाता है।

## उपाय-

- किसी से कभी भी अपनी परेशानियां न बताएं अन्यथा धोखा खाएंगे।
- गुरू का उपाय करें अथवा उससे सम्बन्धित वस्तुएं स्थापित करें।

## टोटके -

- घर में वर्षा का पानी भर कर रखें
- बाहर जाने से पहले मीठा खाकर पानी अवश्य पिएं
- पीले फल कदापि न खाएं।
- चाँदी का पत्तर छेद करवाकर गले में डालें।

लाल किताब के लेखक का मत

- ऐसा व्यक्ति दूसरों से घृण करने वाला होता है।
- ससुराल का सम्पति फूंके और अपनी भी न जोड़े।
- धर्म -कर्म की दौलत की बर्बादी होगी।
- माता पिता या किसी वृद्ध के पाँव छूकर आशीर्वाद लेने से चन्द्र के उत्तम फल प्राप्त होते हैं।

## मंगल

## सामान्य परिचय -

मंगल सीधा और सच्चा वाला ग्रह है। यह कुण्डली में स्थापित तीसरा ग्रह है। मंगल को फारसी भाषा में 'मिरीख' तथा अंग्रेजी भाषा में "मार्स" कहते हैं।

इसका "वार" मंगलवार है। इसका रंग लाल है। यह पुरूष ग्रह है। सूर्य, चन्द्र;गरू इसके परम मित्र हैं। तथा बुध, केतु शत्रु हैं। इसका काल चौबीस दिन त्तेरह वर्ष और आयु 90 वर्ष है। यह दिन में अधिक प्रभावशाली होता है।

## मंगल- पहला भाव

### शुभ स्थिति-

- व्यक्ति की कुण्डली में मंगल शुभ हो तो व्यक्ति परिवपर का संपूर्ण स्नेह प्राप्त करने वाला होगा।
- मंगल के पहले भाव में शुभ होने पर जातक के 32 दांत होंगे। वह जो भी बात कहेगा वह सत्य निकलेगी।
- मंगल पहले भाव में शुभ होकर जातक को उच्चपद पर आसीन करता है तथा उसे जीवन में बहुत मान-सम्मान मिलता है।

### अशुभ स्थिति-

- जातक गलती संगत में पड़कर अपनी प्रतिष्ठा को खोने वाला होता है।
- जातक मंगल के पहले भाव में अशुभ होने पर जमीन जायदाद से बेदवल हो जाताहँ। उसके भई भी निर्धन होते हैं।
- पहले भाव में मंगल अशुभ होने पर जातक दुर्भाग्यशाली होता है।
- जातक भलाई छोड़ देने पर अपयश अथवा कलंक का भागी होता है।

उपाय - किसी व्यक्ति स मुक्त में कोइ वस्तु न लें, अन्यथा कष्टों को प्राप्त करेंगे, माता-पिता निर्धन हो जाएंगे।

- गुरू से सम्बन्धित वस्तुओं का दान करें जैसे -चना, गुड़ सोना, पीले वस्त्र आदि। ऐसा करने से व्यक्ति के अनेको कष्ट दूर हो जाएंगे।

## टोटके -

- धी, कपूर, दही बहते हुए पानी में बहाएं।
- माता -पिता को प्रतिदिन शहद मिला दूध पीने को दें।
- ज्वार की रोटी सुबह शाम कुत्तों को अवश्य दें।
- लाल वस्त्र अवश्य धारण करें।

## लाल किताब के लेखक का मत

- ऐसे व्यक्ति अकेला भाई न होगा। उसका कोई न कोई भाई अवश्य होगा।
- दूसरों के अहसान और अपनी सच्चाई को कभी नहीं भूलता।
- शत्रुओं से कुदरती तौर पर बचाव रहेगा।
- ऐसा व्यथ्क्त अपने माता-पिता के लिए अशुभ होगा, सन्तान व पत्नी के लिए परेशानी उत्पन्ना करेगा। वह कभी अमीर तो कभी फकीर होगा।
- बहन या तो होगी नहीं और यदि होगी तो उसका भाग्य उज्जवल हांगा।

मंगल - दूसरा भाव

**शुभ स्थित-**

- दूसरे भाव में मंगल के शुभ होने पर जातक परिवापर का मुखिया होगा।
- जातक उच्चपद पर आसीन होगा।
- जातक को ससुराल व धन व सम्पत्ति प्राप्त होगी और वह दहेज में अपार धन लायेगी।

**अशुभ स्थिति-**

- मंगल दूसरे भाव में अशुभ हो तो जातक दुष्ट एवं दूसरों को धोखा देने वाला होता है।
- जातक के शत्रु हमेशा उस पर हावी रहेंगे।
- ससुराल पक्ष से जातक को तिरस्कार प्राप्त होगा। वहाँ से उसे कोई सहायता प्राप्त नहीं होगी।
- मंगल तीसरे भाव में अशुभ हो तो जातक हांन भावना से ग्रस्त होगा।
- भाई का आदर करें, उसे कभी भी अशुभ वचन न बोलें अन्यथा कष्टों के सिवाय और कुछ प्राप्त नहीं होगा।
- चन्द्र से सम्बन्धित वस्तुओं का दान करें (चावल, चाँदी, दूध, सफेद वस्त्र मन्दिर में दें।)

  -घर में कुआं अथवा हैण्डपम्प न गड़वाए।
- माता-पिता व दादा-दादी की सेवा करें।

**टोटके -**

- चाँदी का सिक्का पानी में डालें।

दोपहर में गुड़ और गेहूँ का दान छोटी कन्याओं को दें।

- चारपाई पर न तो सोयें औरन ही बैठें।
- लाल रंग के वस्त्र पहनें।
- नित्य सुबह पक्षियों को लाल गेहूँ खिलाएं।
- दूधा से भरा घडद्या रसोई में रखने से भी मंगल की अशुभता दूर होगी।

लाल किताब के लेखक का मत

- ऐसा व्यक्ति इरादे का पक्का होता है।
- ससुराल से धन प्राप्त होगा। पत्नी का लाया हुआ दहेज फलेगा।

ऐसा व्यक्ति पूरी जिन्दगी खुश रहेगा। उसके पास धन की कोई कमी न रहेगी।

## मंगल - तीसरा भाव

### शुभ स्थिति-

- व्यक्ति दयालु व दूसरों के कष्टों को दूर करने वाला होगा
- तीसरे भाव में मंगल के शुभ होने पर व्यक्ति निकट सम्ब-न्धिं का भल करने वाला होगा।
- ऐसा जातक दीर्घायु होगा
- जातक अपने जीवन में बहुत उन्नति करेगा।

अशुभ स्थिति-

- जातक दीर्घायु होगा और उसे सम्पूर्ण जीवन कष्टों में बिताना पड़ेगा।

- जातक की संतान उसके कहने पर नहीं चलेगी, उसके लिए दुःखों का कारण होगी।
- जातक धोखा देने में निपुण होगा। हरेक को ठगना उसकी आदत में शुमार होगा।

**उपाय -**

- घमण्डल न करें अन्यथा दुःखी रहेंग।
- गाय अथवा माताकी सेवा करने से लाभ होगा।
- स्त्रियों को सम्मान की दृष्टि से देखें।

**टोटके -**

- चाँदी का आभूषण धारण करें।
- चावल और चीनी मिलाकर चिड़ियों को खिलाएं।
- लाल रंग की भैंस घर में पालें।

**लाल किताब के लेखक का मत**

- ऐसे व्यक्ति को धनवान ससुराल मिलेगी।
- स्वास्थ्य, धन व सम्पत्ति आदि के क्षेत्रों में सुख मिलेगा।
- दयावान होगा, किसी पर अपराधा होते देख बर्दाशत न करेगा।
- यदि मंगल की हालत में न्यूता आयेगी तो वह चालबाज और धोखेबाज होगा।
- अयाश और तानाशाह होगा, कर्जे के बोझ तले रोएगा।

## मंगल-चौथा भाव

### शुभ स्थिति-

- चौथे भाव में शुभ मंगल जातक के लिए दूध समान उज्ज्वल, तथा चन्द्र सदृश शांत होगा।
- चौथे भाव में मंगल के थ उसके पापी ग्रहों का भाव कैसा भी हो किन्तु मंगल का प्रभाव शुभ ही होगा।
- जातक उत्तम गुणों से पूर्ण तथा सम्पूर्ण विद्याओं का ज्ञाता होगा

### अशुभ स्थिति-

- मंगल यदि चौथे भाव में अशुभ हो तो जातक मनूहस होगा
- उसके जन्म लेते ही परिवापर परेशानियों में घिर जाएगा तथापिता की मृ त्यु हो जायेगी जिस कारण परिवार का आर्थिक सन्तुलनप बिगड़ जायेगा।
- जातक का बाल्यकाल गरीबी और कष्टों में बीतेगा।
- चौथे भाव में मंगल के अशुभ्ज्ञ होने पर जातक घमण्डी तथा दूसरों को घृणा एवं शत्रुता की दृष्टि से देखने वाला होगा।
- जातक चोर, धोखेबाज तथा अयश किस्म का होता है। बने बनाय कार्यों को बिगड़ना उसका शौक होता है।

### उपाय-

- शैया को इस्तेमाल न करें, मृगछाला पर सोयें।
- यदि आग लगाने का भय रहता हो तो, छत पर चीनी की खाली बोरियों बिछाएं।

- चाँदी का गोल पत्तरा गले में पहनें।
- पक्षियों को दाना चुगाएं।

**टोटके -**

- चन्द्र से सम्बन्धित वस्तुएं घर में स्थापित करें।
- पीपल के वक्ष की जड़ में दूध चढ़ाएं।
- केले का दान करें।
- सन्तान को कष्ट से बचाने के लिए शहद दूध में मिलाकर भूमि में दबा दें।
- मंगल के मित्र ग्रहों की वस्तुएं घर में स्थापित करें।

लल किताब के लेखक का मत - ऐसा व्यक्ति मन का सच्चा और किसी की शरारत का जबवाब देने की हिम्मत रखने

वाला होग।

- सम्भवत: ऐसा व्यक्ति कड़वा स्वभाव, अकड़ने वाला, अयाश सारी ही आयु गुलामी (नौकरी आदि) में गुजार देगा।
- 28 वर्ष की आयु त कवह अपने भाई - भाभी व भतीजी - भतीजों पर मेहरबान रहेगा।

यह कहा जाता है कि ऐसा व्यक्ति जिसके पास भी बैठगा, उसे भी भाग्यहीन बना देगा।

## मंगल - पांचवां भाव

### शुभ स्थिति-

मंगल पाचवें भाव में शुभ हो तो शुभ फल देने वाला होगा। मंगल के प्रभाव से जातक शान्तिप्रय व सत्य बोलने वाला होगा।

- मंगल पांचवे भाव में शुभ हो जाते जातक सनन्तान होने के उपरान्त आर्थिक स्थिति से मजबूत अर्थात् धनी होता जाएगा।
- जातक विद्वान, तथा स्त्री सुखों को प्राप्त करने वाला होगा। उसकी सन्तान सुशिक्षित तथा सुख देने वाली होगी।
- जातक उच्च शिक्षा प्राप्त करते ही उत्तम पद प्राप्त करेगा।
- उज्ज्वल चरित्र वाला होगा।

### अशुभ स्थिति-

- पांचवें भाव में मंगल के अशुभ होने पर जातक के भाग्य में सन्तान व पत्नी का सुख अल्प होगा।
- जातक कके भाई मर जाएंगे जिससे उसे कष्ट होगा।
- सग - सम्बन्धियों से झगड़ा छ्वेगा।
- बड़े बुजुर्गों को अलग रखने से जातक कष्ट पूर्ण जीवन व्यत्तीत करेगा।
- जातक की रात की नींद, सुख चैन सब नष्ट हो जाऐगा।
- घर का सुख भाग्य में कम ही होगा।
- जातक नेत्र रोग से पीड़ित होगा।

**उपाय -**

- हृदय की शान्ति के लिए दान पुण्य करें।
- बुजुर्गों के नाम पर श्राद करें।
- दूध से बनी वस्तुएं बच्चों को खिलाएं।
- पराई स्त्रियों को पवित्र नजरो से देखे।
- नेत्र रोग से बचने के लिए आँखों को गाय के दूध से साफ करें।

**टोटके -**

- रात को पानीसे भरा बर्तन सिरहाने रखकर सोएं।
- नीम के वृक्ष पका पालन- पोषण करें।
- चिड़ियों को दाना चुगाएं।

लाल किताब के लेखक का मत

- आयु बढ़ने के साथ-साथ धन वृद्धि होगी।
- अच्छे बुरे कामों में शक्तिशाली होगा।
- ऐसा व्यक्ति वंशानुगत वैद्य, हकीम होगा। वैसे स्वयं कोई मुसिफ (जज) भी हो सकता है।
- सन्तान की कम न होगी। पत्नी व सन्तान का सुख प्राप्त होगा।

## मंगल-छठा भाव

### शुभ स्थिति-

- व्यक्ति बहादुर और प्रत्येक कार्य को लग्न से करने वाला होता है।
- छठे भाव में मंगल के शुभ होने पर व्यक्ति का सहृदय तथा दूसरों के कष्टों को स्वयं झेलने वाला न्याय प्रिय होगा।
- व्यक्ति अपने परिवार का पालन पोषण बड़ी ही चतुराई के साथ करता है।
- व्यक्ति विद्वानो व सज्जनों की संगति में रहने वाला उत्तम चरित्र से युक्त होगा।

### अशुभ स्थिति-

- मंगल के छठे भाव में अशुभ होने पर जातक को किसी शुभ अवसर पर अशुभ समाचार प्राप्त होगा। जिस कारण जातक की खुशियों में ग्रहण लग जाएगा।
- मंगल यदि छठे भाव में अशुभ हो त्तो जातक को विवाह के अनेक वर्षो तक सन्तान सुख प्राप्त नहीं होगा।
- यदि उपाय करने पर सन्तान हो भी जाए तो वह शायद ही बच पाए।

### उपाय-

- सन्तान प्राप्ति के लिए चन्द्र व बुध को प्रसन्न करने का उपाय करें।
- गणेश जी की पूजा उपासना से लाभ मिलेगा।

- शनि से सम्बन्धित वस्तुओं का दानकरने से परिवार के कष्ट दूर रहेंगे।
- माता एवं दादी का सम्मान करें। उनको कष्ट न दें।
- चरित्र हमेशा उज्ज्वल रखें।

## टोटके -

- कन्याओं को भोजन कराएं और हरी चूड़िया दान में दें।
- प्रत्येक सोमवार को बूंदी के लड्डू छत पर अथवा उस स्थान पर रखें जहाँ उन्हें पक्षी खा जाएं।

लाल किताब के लेखक का मत

- हिम्मत से भरपूर, पाताल और पानी में भी आग लगा देने की हिम्मत का स्वामी होगा।
- स्वयं तेजस्वी व न्यायकर्त्ता होगा। यदि लेखक हुआ तो उसकी कलम में तलवार से ज्यादा पैनापन होगा और उसकी कलम का लिखा हुआ अवश्य असर करेग।
- चरित्र उसके काबू में होगा।
- बहन- भाई दुःख का बहाना होंगे।

## मंगल-सातवां भाव

## शुभ स्थिति-

- सातवें भाव में मंगल की शुभ स्थिति हो तो जातक को उत्तम स्त्री मिलती है।
- न्यायप्रिय दूसरों को कष्ट में देखकर दुःखी होने वाला एवं दूसरों के कष्टों को दूर करने वाला होगा।

- जातक किसी राजपरिवपार से सम्बन्धित होगा।

**अशुभ स्थिति-**

- मंगल के सातवें भाव में अशुभ होने पर जातक दुर्भाग्यशाली होगा व उसे कुष्ठ अथवा कोई भयंकर रोग होगा।
- सातवें भाव में मंगल अशुभ हो तो जातक की भाभी अथ्वा बहन विधवा हो जाए।
- जातक निःसंतान होगा
- जातक के सिर से माता का साया उठ जाए।

**उपाय -**

- शनि का उपाय करें, लाभ होगा।
- मंगल अशुभ होने पर कभी भी बिना मूल्य चुकाए किसी से कोई भी वस्त दान में न लें।
- मांस व मदिर का सेवन हानिकारक होगा।
- शनि एवं शुक्र की वस्तुएं घर में स्थापित करें, लाभ होग।

**टोटके -**

- ठोस चाँदी की गोली घर में रखने से लाभ होगा
- घर में चोड़ें पत्तों वाला वृक्ष लगायें।
- लाल क्स्त्रों का दान करने से भी लाभ होगा।
- भूलकर भी नाली या जमीन पर दूध न गिराएं।
- घर में पक्षी न पालें। यदि पक्षी ने घर में घोंसला बनाया

हो तो उसे घर से दूर रख दें।

लाल किताब के लेखक का मत -भाग्य के मामले में ऐसा व्यक्ति या तो बहुत अमीर होगा या बहुत गरीब। उसका जीवन बड़ा उतार-चढ़ाव वाला होगा।

रोते को हँसाने वाला, जरूरत पड़ने पर दूसरों के काम आने वाला होगा।

- संगति का प्रभाव उस पर अधिक होगा।
- पत्नी की मृत्यु या बहन को विधवा होतु हुए देखेगा। यह तब होगा जब कुण्डली में मंगल मंदा होगा।

## मंगल-आंठवां भाव

- मंगल आठवें भाव में शुभ हो तो व्यक्ति बहादुर व शत्रुओं को परास्त करने वाला होगा।
- व्यक्ति परिश्रमी एवं न्यायप्रिय होगा।
- जातक दृढ़ प्रतिज् तथा वचन बद्ध होगा। वह कभो भी अपने वचनों से नहीं फिरेगा।
- जातक जिम्मेदारियों का निर्वाह सफलता के साथ करने में समर्थ होता है।
- सभी लोग उससे स्नेह करते हैं। उसे प्रत्येक स्थान पर आदर व सम्मान प्राप्त होता है।

## अशुभ स्थिति-

- यदि आठवें भाव में मंगल अशुभ हो तो जातक के भाई के लिए कष्ट का कारण बनता है।

- या तो जातक के भाई होते ही नहीं और यदि हों भी तो वे रोगों के शिकार हो जाते हैं।
- आठवें भाव में अशुभ मंगल जातक की मृत्यु का कारण होगा।
- मंगल व बुधा की वस्तुएं जातक को कष्ट देंगी।
- जातक को आजीविका के साधन बड़ मुश्किल से प्राप्त होंगे।
- जातक का भाई ही उसके कष्टों का कारण होगा।

**उपाय-**

- वृद्धा व विधवा स्त्रियों का आशीर्वाद लें।
- घरो में भट्टी न खुदवाएं
- घर का मुख्य द्वारा पूरब में रखें।
- पिता अथवा बड़े भाई की आज्ञ का उल्लंघन कदापि न करें।

**टोटके -**

- चाँदी की अंगूठी अथवा चैन पहनें।
- रोटी सेकेन के बाद तवे पर मीठी रोटियाँ सेंक कर उन्हें भूमि में दबा दें। ऐसा एक सप्ताह तक करें।
- नीम की टहनी लगाकर घर की छत पर रखें।
- सूर्योदय के समय तुलसी के पौधे को गंगाजल दें।

लाल किताब के लेखक का मत

- भाग्य का धनी चाहे न हो, मगर उसका शरीर धन पाने के लिए पूरी मेहनत करने का आदी होगा।

- शत्रु कितना ही शक्तिशाली क्यों न हो उसका विरोध करने की सामर्थ्य ऐसे व्यकित में भरपूर होगी।

- सम्भव है कि ऐसे व्यक्ति की पेशब की नली में जलन की शिकायत हो। पैदा होने के बाद ऐसा व्यक्ति भाईयों के लिए हानिकारक सिद्ध होगा।

## मंगल-नौवां भाव

## शुभ स्थिति

- नौवें भाव में मंगल के शुभ होने पर जातक बचपन से ही राजसी सुख व सुविधाओं में बड़ा

  होगा।

- जातक बहुत ही भाग्यशाली होगा और कभी भी किसी से कुछ नहीं मांगेगका।

- जातक की रूचि धार्मिक कार्यो में होगी, जातक को ईश्वर में पूर्ण आस्था होगी।

- जातक उच्च शिक्षा प्राप्त करेगा।

## अशुभ स्थिति-

- मंगल नौवें भाव में अशुभ हो तो मंगल के सभी शुभ फल, अशुभ फल में बदल जायेंगे। और अनिष्ट करेंगे।

- नौवें भाव में जातक माता-पिता को कष्ट देने वाला होगा।

- जातक अयाश एवं बदनाम होगा।

- उसका चरित्र पानी के बुलबुले के समान हवा से भी हिल जाएगा।

- व्यक्ति ईश्वर में जरा भी विश्वास नहीं रखता, इसलिए व्यक्ति पग-पग पर कष्ट प्राप्त करता है।

**उपाय -**

- चन्द्र की वस्तुओं को धर्मशाला आदि में दान दें।
- भाभी व बहन का आदर करें।
- बड़े भाई के साथ मिलकर व्यापार करें, लाभ होगा।

**टोटके -**

- शुक्र की वस्तुएं पानी में बहाएं।
- पीले रंग वाली मिठाइयां बच्चों एवं वृद्धों में बांटें।
- मंगलवार के दिन बूंदी के लड्डू बनाकर उन्हें छत पर रख दें। ऐसा लगातार 15 दिन तक करें।
- बुध से सम्बन्धित वस्तुओं का लाल रंग के कपड़े में लपेट कर पानी से रहित कुएं में डाल दें॥
- पीपल के वृक्ष में गाय का दूध चढ़ाएं।
- लाल रंग के वस्त्र मंगलवार के दिन सुबह के समय पहनें।

लाल किताब के लेखक का मत

- नौंवे भाव में अकेला मंगल हो तो पूर्वजों से चला आ रहा शाही तरवत जन्म से ही तैयार हो जाएगा। स्वयं भी न्या-यप्रिय होगा। ऐसे व्यक्ति की भाभी (भाई की पत्नी) उसके भाग्य में सहयोगी होगी।
- मैदान में शर की तरह बहादुर होगा।

- कितना भी गरीब हो जायेगा, परन्तु किसी के आगे हाथ नहीं फैलाएगा।
- अच्छे हालात में ऐसे व्यक्ति का पालन-पोषण होगा। हुकूमत करने तथा धन जमा करने का अवसर मिलेगा।
- कारोबार में लाभ होगा। कर्मो का फल अच्छा होगा।

## मंगल - दसवां भाव

### शुभ स्थिति-

- दसवें भाव में मंगल के शुभ होने पर जातक परिश्रमी होगा। वह परिश्रम से अपार धन व सम्पत्ति अर्जित करेगा।
- जातक परिवार का पालन-पोषण करने वाला होगा। निर्धन होते हुए भी वह अपने बाहु-बल से ख्याति प्राप्त करेगा और धन अर्जित करेगा। तथा परिवार का नाम रोशन करेगा।
- जातक संतान प्राप्त करेगा। उसकी संतान भी उसी के समान आज्ञकारी होगी जो माता-पिता का आदर और सेवा करेगी।

### अशुभ स्थिति-

- मंगल दसवें भाव में अशुभ हो तो मंगल जातक पर भारी पड़ेगा।
- मंगल के दसवें भाव में अशुभ होने पर जातक को सन्तान देर से प्राप्त होती है। तथा सन्तान को बहुत कष्ट होगा।
- घर में चोरी हो जाने से धन नष्ट हो जाएगा। घर का सोना बिक जाने से धन संग्रह सब

खत्म होगा।

- यदि अशुभ मंगल के साथ चौथे भाव में सूर्य हो तो जातक किसी अंग से विहीन होगा।
- जातक मंगल के अशुभ होने से बर्बाद हो जायेगा। उसे किसी छोटी सी भूल के कारण कड़ी सजा उठानी पड़ेगी।

**उपाय-**

- पैतृक सम्पत्ति का विक्रय कदापि न करें। यदि ऐसा करेंगे तो सारा धन नष्ट हो जायेगा।
- घर में सोना हो तो उसे किसी भी कीमत पर न बेचें।

अपाहिज व्यक्तियों की सेवा से लाभ होगा

हिरण को पालें।

मंगल से सम्बन्धित वस्तुएं दान करें अथवा किसी आधे भरे हुए कांए में डालें।

**टोटके -**

- शैया पर न सोएं।
- दूध में केसर मिलाकर उसे कीकर के वृक्ष पर चढ़ाएं।
- लाल रंग के वस्त्र व मिष्ठान बच्चों को दें।
- दूध जमीन पर न गरने दें।
- कोई भी फल वाला पौधा घर में न लगाएं।

लाल किताब के लेखक का मत

- अपने साथ -साथ दसूरें के भाग्य को भी बदलने वाला होगा।
- जिस घर में उसकी पैदाईश होगी वह घर यदि पहले निर्धन था, तो ननाइय बन जायेगा।
- ऐसा व्यक्ति जन्म से ही राजाओं वाले ख्याल का होता है।
- यदि ऐसे व्यक्ति किसी राजा के घर पैदा हो, तो विश्वास के साथ वह तर्तो ताज का मालिक होगा।
- भाग्य के मैदार में वह मुकदर का सिकन्दर होगा।
- आयु के हिसाब से वह 96 वर्ष पूरे करेगा और मरते दम तक उसकी सेहत अच्छी ही होगी।

**मंगल- ग्यारहवां भाव**

**शुभ स्थिति-**

- मंगल ग्खघरहवें भाव में शुभ हो तो जातक सम्पूर्ण गुणों से युक्त, सात्विक विचारों वाला होगा।
- मंगल ग्यारहवें भाव में शुभ होकर जातक को अपार मान-सम्मान दिलाता है। तथा जातक राजसी वैभव के साथ जीवन व्यतीत करता है।
- जातक जन्म से ही माता-पिता के लिए आर्थिक स्थिति बढ़ाता है तथा सम्पूर्ण्ण जीवन माता-पिता की सेवा करता है।

**अशुभ स्थिति-**

- ग्यारहवें भाव में मंगल अशुभ हो तो जातक कर्जदार हो जायेगा व उसकी धन -सम्पति सब नष्ट हाके जायेगी।

- मंगल के अशुभ होने पर जातक गम्भीर रोग का शिकार बनता है तथा उसे पूरे जीवन एक दिन भी सुख का नहीं मिलता।

  जतक की संतान उसे कष्ट देने वाल होती है।

**उपाय -**

- केतु से सम्बन्धित वस्तुएं दान करें।
- माता का तिरस्कार कदापि न करें। ऐसा करने से जातक को स्वयं ही कष्ट होगा।
- संतान सुख प्राप्ति के बाद ही सुख प्राप्त होंगे तथा आर्थिक स्थिति मजबूत होगी।
- पैतृक सम्पत्ति को कदापि नहीं बेचें।
- मंगल की वस्तुओं को घर में स्थापित करें।
- सूर्य से सम्बन्धित वस्तुएं दान करें।

**टोटके -**

- दूध को भी जमीन पर न गरने दें।
- मिट्टी के बर्तन में सिन्दूर और शहद मिलाकर अंधेरे कमरे के कोने में रखें।
- कुत्ता घर में पालें।

  लाल किताब के लेखक का मत

- ऐसा व्यक्ति धनाड्य होगा

- उसकी तेरह वर्ष की आयु से माता-पिता के पास धन का भण्डार होगा।
- हुकूमत के साथ सुख मिलेगा।
- यदि बुध -शनि शुभ्ज्ञ हों तो 24 से 28 साल की आयु तक खूब धान एकत्र हो जायेगा।

## मंगल-बारहवां भाव

### शुभ स्थिति-

- मंगल बारहवें भाव में शुभ हो तो जातक पर राहु का अशुभ प्रभाव कभी नहीं

  सताएगा, जातक अहिंसा का पालन करन वाला होगा।
- मंगल बारहवें भाव में शुभ होने पर जातक बलवान और प्रभावशाली व्यक्तित्व वाला होगा।
- निर्धन होते हुए भी जातक परिश्रम से धन संपत्ति अर्जित कर लेगा।
- बारहवें भाव में जातक के लिए मंगल शक्तिशाली होगा तो उसे कोई भी व्यक्ति हानि नहीं पहुँचा सकता।

### अशुभ स्थिति-

- मंगल के बारहवें भाव में अशुभ होने पर जातक नीच प्रवृ-त्ति वाला होगा। वह घृणापूण कार्य करने वाला होगा।
- जातक बदनाम होगा। मंगल उस पर हमेशा भारी होगा।
- जातक रोगी होगा तथा उसकी संतान उसके लिए कष्टो का कारण होगी।

- उसके भाई व सम्बन्धी ही उसके दुशमन बन जायेंगे और उसे कष्ट देंगे।

**उपाय -**

- भिखारी को खाना लिखाएं व अपनी सामर्थ्य के अनुसार उसे दान दें।
- चन्द्रमा की वस्तुएं (चावल, चांदी, चीनी) पानी में बहाएं।

**टोटके -**

- सूर्य को दूध चढ़ाएं।
- मंगल की वस्तुएं एकत्र कर अपने पास रखें।
- मन्दिर तथा धर्म स्थल पर मिठाई बाँटे।
- प्रातः होने पर शहद या गुड़ से मुँह मीठा करें।
- खाकी रंग की पगड़ी सिर से बाँधे।

लाल किताब के लेखक का मत

- यदि मंगल बारहवें भाव में हो और बुधा का पहले भाव में होना कभी बुरा असर न

करेगा। जिस व्यक्ति की कुण्डली में ऐसा यांग हो,वह गरम स्वभाव, स्वतन्त्र और अपने पैरों

पर खड़ा होने वाला होगा।

- अपनी 28 वर्ष की आयु तक बड़े भाईयों पर भारी होगा, सिवायच उसके जिसकी कुण्डली

के दसवें भाव में मंगल हो।

## बुध

### सामान्य परिचय-

बुध वनस्पतियों का स्वामी हे। यह एक शक्तिशाली ग्रह है। बुध को फारसी में अतारद और अंग्रेजी में 'ितररणापरए कहते हैं। इसका वार बुधवार है। इसका रंग हरा है। इसका कारक भाव सातवां है।

सूर्य, शुक्र व राहु इसके मित्र हैं, चन्द्र इसका शत्रु है।

इसका काल 68 दिन 34 वर्ष, तथा आयु 60 वर्ष है। बुध तीसरे और छठे भाव में स्वग्रही हाता है। यह नपुसक ग्रह है।

## बुध- पहला भाव

### शुभ स्थिति-

- पहले भाव में जातक को बुधा का उत्तम फल प्राप्त होगा। ऐसा जातक हंसमुख और बेफिक्र होगा, जातक सन्तोषी भी होता है। उसे किसी बात की चिन्ता नहीं होगी। जो कुछ उसे प्राप्त होता है वह उसी में सन्तुष्ट हो जाता है।
- उसे धन सम्पत्ति की भी कोई चिन्ता नहीं होगी। फिर भी उसे कभी किसी प्रकार की कोई कमी नहीं होगी।
- उसके पुत्र अज्ञाकारी व धनवान होंगे, तथा पुत्रियों का विवाह उच्चकालों में होगा। तथा जातक स्वयं उच्चकूल में पला बड़ा होगा।

### अशुभ स्थिति-

- जातक अपयश प्राप्त करेगा
- जातक की सन्तान मांसाहारी व शराबी होगी।

- जातक नीच एवं लालची किस्म का होगा।
- जातक अपनी अयाशी के कारण अपनी व अपने परिवार की बर्बादी का कारण बनेगा। -जातक शराबबी होगा तथा इस कारण प्रत्येक स्थान पर तिरस्कृत होगा

**उपाय-**

- मांस व मदिरा का सेवन न करें, अन्यथा नुकासन उठाएंगे।
- अनैतिक कार्यो से बचें।
- संतान को अधिक स्वतन्त्रता न दें।
- अच्छे व्यक्तियों की संगति में रहें।
- ईश्वर में आस्था व श्रद्धा रखें।

**टोटके -**

- हरे रंग की वस्तुओं का प्रयोग न करें।

लाल किताब के लेखक का मत

- कुण्डली के पहली भाव का व्यक्ति अपनी मर्जी का मालिक होता है। किसी दूसरे की मर्जी पर कोई काम करना या जीना उसे बिल्कुल पसन्द नहीं होता।

ऐसा व्यक्ति ईमानदार होगा, उसके घर में रोटी-पानी की कोई कमी न होगी।

आधुनिक युगक में जीना पसन्द करेगा शनि आदि जितने भी पापी ग्रह होंगे, सब बुध के इशारे पर चलेंगे।

पत्नी उत्तम और अमीर घराने की होगी।

लड़कियाँ स्वयं अपने या अपने पति के भाग्य से राज करेंगी। सुख भोगेगी, यदि उन्हें

बदनामी का डर न हुआ।

## बुध - दूसरा भाव

### शुभ स्थिति-

- दसरे भाव में शुभ बुधा व्यक्ति की कण्डली में होत तो व्यक्ति विद्वान, उच्च शिक्षित तथा ऊचे कूल में जन्म लेने वाला होता है।
- व्यक्ति परिवार की जिम्मेदारी उठाने वाला तथा अपने अथक प्रयासों व परिश्रम से धनी होगा।
- बुध के दूसरे भाव में शुभ होने पर व्यक्ति चतुर एवं बुद्धि_ मान होगा व अपनी चतुराई से वह अपने प्रत्येक कार्य में सफल भी होता है।
- जातक सुखी एवं दुर्घायु होगा तथ्ज्ञा वह माता का स्नेह प्राप्त करेगा।

### अशुभ स्थिति-

- यदि बुध दूसरे भाव में अशुभ हो तो जातक को संतान के होते हुए भी उसका सुख नहीं मिलेगा।
- जातक को व्यापार में घाटा होगा। उसमें लगाया हुआ सारा धन डूब जायेगा। और जताक को अपनी सम्पति तक बेचनी पड़ सकती है।
- जातक की पैतृक सम्पत्ति कोई भी मदद न होगी। से पिता की किसी भी वस्तु का लाभ न मिलेगा।

## उपाय -

- घर में कोई भी पशु-पक्षी न पाल।
- चन्द्र अथवा गुरू से सम्बन्धित वस्तुएं धर्म स्थल पर दान कर देने से लाभ होगा।
- गुरू का उपाय करें।
- पत्नी के भाई अथवा बहन को घर पर न रखें।
- जातक को चाहिए वह जुआ व सट्टा न खेले अन्यथा लाभ के स्थान पर हानि होगी।

## टोटके -

- कन्याओं को नाक और कान में स्वर्ण पहनाएं।
- बकरी के बच्चे को दूध पिलाएं।
- चाँदी की वस्तुंए धारण करें।

लाल किताब के लेखक का मत

- दिलदार व उपदेशक होगा
- हाजिर जवाब होगा। अपने मत का कठोर व्यक्ति होगा
- उसकी वाणी में ऐया यश होगा कि उसकी प्रत्येक त्रुटि को छुपा लेगा।
- व्यापार से धन लाभ होगा, उसे अपनी इज्जत का बहुत ध्यान होगा।
- लम्बी आयु वाला होगा।
- पिता का सुख नहीं मिलेगा।
- शत्रु को विजयी करने वाला होगा।

## बुध - तीसरा भाव

### शुभ स्थिति-

- बुध के तीसरे भाव में शुभ होने पर जातक दीर्घायु होगा।
- जातक अपने प्रयासों से अपने परिवार एवं सम्पत्ति की वृद्धि करता जाएगा।
- सम्बन्धियों से प्रत्येक वक्त सहायता प्राप्त होगी। बुध से सम्बन्धित कार्य एवं वस्तुएं लाभदायक सिद्ध होगी
- यदि बुध शुभ हो तो जातक को संतान का सुख प्राप्त होगा।
- जातक औषधियों का ज्ञाता होगा।

### अशुभ स्थिति-

- जातक की कुण्डली में यदि तीसरे भाव में बुध अशुभ होगा ता जातक भाग्यहीन होगा।
- बुध तीसरे भाव में अशुभ होकर परिवार के सदस्यों पर भारी पड़ेगा।
- बुध के अशुभ होने पर जातक का घर बर्बाद हो जायेगा तथा जातक शक्तिहीन होकर

  शत्रुओं से परास्त होएगा।
- बुध के अशुभ होने पर ससुराल से सम्बन्ध विच्छेद हो जायेगा।

उपाय -

- बुध के अशुभ प्रभाव से बचने के लिए मूंगा धारण करें।
- केतु की वस्तुएं घर में स्थापित करें, अथवा दान दें।
- दुर्गा की पूजा करें।

## टोटके -

- पीले रंग की कोड़ियों को जलाकर, राख बनाकर पानी में बहा दे।
- पक्षियों को प्रतिदिन सुबह दाना खिलाएं।
- कच्चे दूध से आँखे धोयें।
- घर में लाल पत्थर रखें तथा उसे प्रतिदिन दूध से धोयें।

लाल किताब के लेखक का मत

धन और परिवार बढ़ता होगा। शुभ हालत में बुध का हर तरह से उत्तम फल होगा।

- ऐसा व्यक्ति यदि वैद्य होगा तो वह दमा रोग का विशषज्ञ होगा।
- उसकी आयु सीमा 80 साल से कम न होगी। यदि स्वास्थ्य बना रहा तो आयु 100 साल भी हो सकती है।
- ऐसे व्यक्ति दूसरो के लिए लाभप्रद न होगा।

## बुध-चौथा भाव

## शुभ स्थिति-

- यदि बुध चौथे में शुभ्ज्न हो जातक सहनशील होता है। वह कभी किसी के लिए अपशब्द नहीं बोलता।
- बुध के चौथे भाव में शुभ होने पर जातक उच्च शिक्षा प्राप्त करके किसी ऊचे पर पर बैठेगा।
- जातक दीर्घायु होगा तथा उसे धन की कोई कमी नहीं होगी।
- बुध के शुभ होने पर जातक राजसी वैभव प्राप्त करेगा तथा उसे हमेशा पद व प्रतिष्ठा में उन्नति प्राप्त होगी।

- जातक धैर्यवान एवं दूसरों के दुखों को समझने और उन्हें स्यं अपने ऊपर लेने वाला होता है। तथा पराई स्त्रियों को पवित्र दृष्टि से देखने वाला, उत्तम चरित्र युक्त होगा।

## अशुभ स्थिति-

जातक की कुण्डली के चौथे भाव में यदि बुध अशुभ हो तो जातक अनेक कष्टों को देखकर हताश हो जाएगा तथा उसे जीवन बोझ लगने लगेगा।

- जातक की माता अवस्थ एवं अल्पायु होगी तथा उसके जीवन में कष्ट ही कष्ट होंगे।
- यदि बुध अशुभ हो और चौथे भाव मं पाप ग्रह हो तो जाक की सब प्रकार की धन सम्पत्ति नष्ट हो जाएगी और जातक निर्धन हो जाएगा।
- जातक जिस कार्य में हाथ डालेगा वह कार्य उल्टा होगा और नुकसान होगा।

## उपाय –

- गुरू का उपाय करें, उससे सम्बन्धित वस्तुएं दान करें।
- हृदय की शान्ति के लिए चाँदी का दान करें।
- भूरी गाय को पालें, उसकी सेवा करें।

## टोटके -

- दूध में केसर मिलाकर पियें और चंदन से मस्तक पर प्रतिदिन तिलक लगाएं (लगभग 40 दिन तक)
- सोन की अंगूठी पहनें

- केसर का हलवा पास - पड़ोस के बच्चों को खिलाएं।
- हरे वस्त्र न पहनें।
- हरे रंग के पेड़-पौधे घर में न लगायें।

## लाल किताब के लेखक का मत

- सांसारिक सुखों से परिपूर्ण, पति-पत्नी की जोड़ी खूब जमेगी।
- माता पिता का सुख लम्बे समय तक प्राप्त होगा।
- बुध जब अकेला हो तो उत्तम फल देता है।
- परिवार, धन और आयु तीनों में वृद्धि होगी और पापी ग्रह कोई बुरा असर न देंगे।

## बुध - पाचवां भाव

## शुभ स्थिति-

- पाचवें भाव में बुध के शुभ होने पर जातक अत्यन्त भाग्य-शाली होगा।
- शत्रुओं को परास्त करने वाला, दूसरों के दुःखों को समझने वाला, उच्चशिक्षित, सभ्य तथा सम्पूर्ण गुणों से युक्त कामदेव सदृश सुन्दर हागे।
- पांचवे भाव में शुभ होने पर बुध परिवार की वृद्धि, आर्थिक स्थति अनुकूल तथा पैतृक संपत्ति से लाभ पहुंचवात है।
- जातक सत्य बोलने वाला साधुत्व से प्रेरित तथा वह जो भी कह दे उसे पूर्ण्ण कर दिखाने वाला होता है।
- उसके शब्द कभी मिथ्या नहीं निकतले, उसकी कही हुई बातें लगभग सच होती हैं।

**अशुभ स्थिति-**

- पाँचवें भाव में बुध के अशुभ होने पर व्यक्ति की धन-सम्पत्ति नष्ट हो जाती

  है।

- किसी दुष्ट व्यक्ति की संगति में पड़कर व्यक्ति अपनी पूर्ण अच्छाइयों को भुला देता हे

  तथा उसे लोग घृण की दृष्टि से देखते हैं।

- पाँचवे भाव में अशुभ बुध पिता को कष्ट देने वाला होता है।

**उपाय -**

- दादी से आशीर्वाद लें।
- गाय पालें, उसकी सवो करें। ऐसा करने से स्त्री का भाग्य उदय होगा।
- महाकाली का पूजन करें।
- घर में यज्ञ व हवन करें।

**टोटके -**

- गले में ताँबे का सिक्का काले धागे में बाँधकर पहनें।
- चाँदी की गोलियाँ 25 दिन तक पानी में बहाएं तो शुभ फल प्राप्त होता है।

## लाल किताकब के लेखक का मत

- ऐसे व्यक्ति का भाग्य पिता के लिए अशुभ, परन्तु अपनी सन्तान के लिए शुभ होता है।
- पारिवारिक मकान का असर हर तरह से उत्तम होगा।
- गृहस्थी तथा सनन्तान की हालत अच्छी होगी।
- 34 वर्ष की आयु के पश्चात् ऐसे व्यक्ति का भाग्योदय होगा।
- ऐसा व्यक्ति मनुष्यदा का देवता होगा।

## बुध- छठा - भाव
## शुभ स्थिति-

छठे भाव में बुध के शुभ होने पर जातक सबसे स्नेह रखने वाला तथा सभी को उनकी इच्छित वस्तु प्रदान करने वाला होता है।

-जातक प्रभावशाली व्यक्तिव वाला होता है। अपनी प्रभावी बातों से जातक सभी को वश में कर लेता है।

-जातक मानसिक श्रम करने वाला होगा तथा वह शिक्षा के क्षेत्र में लाभ कमाएगा।

-जातक ईमानदार होगा तथा ईमानदारी से ही धन की वृद्धि करेगा।

-जातक पत्रकार अथवा लेखन कार्य करने वाला होगा।

## अशुभ स्थिति-

- बुध के अशुभ होने पर जातक की माता कुछ समय ही जीवित रहेगी।

- जातक जीवन के अन्तिम दिनों में रोगी हो जाएगा, उसकी नेत्र शक्ति कमजोर हो जाएगी तथा रोग के कारण ही जातक की मृत्यु होगी। जातक लालची होकर अपने ही घर का बार्बाद कर देगा।

## उपाय -

- गुरू की वस्तुएं स्थापित करने से लाभ होगा।
- चन्द्र कीसहायता के लिए दूध का पात्र उपजाऊ जीमन में दबाएं।
- शुक्र की अशुभता दूर करने के लिए गाय को ज्वार की मीठी रोटियाँ खिलाएं।

## टोटके -

- गंगाजल से भरा बर्तन घर में रखें।
- चाँदी का छल्ला अंगुली में पहनें।
- फलों का पेड़ घर में अवश्य लगाएं।
- किसी भी कार्य को करने से पहले कन्याओं को मिठाई खिलाएं एवं उनके पैर छुएं।
- बुध की अशुभता दूर करेन के लिए मिट्ओऔ के बर्तन में दूध रखकर वीरान जंगल में दबा दें।

## लाल किताब के लेखक का मत

- ऐसे व्यक्ति धनवान और पत्नी भी अमीर घराने की होगी।
- ऐसे व्यक्ति को दिमागी कारोबार और व्यापार का पूरा लाभ होगा, मगर हस्तकला आदि में

कम ही लाभ होगा।

- ऐसे व्यक्ति की ज़बान बंद न होगी और मुँह से निकला हुआ अच्छा या बुरा शहर पूरा होगा।
- ऐसे व्यक्ति की यदि पुत्री की शादी उत्तार की दिशा में होगी तो वह दुःखी रहेगी।

## बुध -सातवां भाव

### शुभ स्थिति-

- सातवें भाव में यदि बुश शुभ हो तो व्यक्ति आर्थिक रूप से काफी मजबूत स्थिति वाला होगा।
- वह दूसरों की सहायकता करने के लिए सदैव तत्पर रहने वाला होगा।
- व्यक्ति का जीवन सुखमय होगा। उसमें असीम शक्ति होगी जिसस वह शत्रुओं पर हावी रहेगा।
- व्यक्ति शान्त जीवन जीने वाला होगा, उसका किसी से भी झगड़ा नही होगा। परेशानियाँ उससे सदा दूर रहेंगी।
- जातक अपने पारिवार का नाम बढ़ाने वाला होगा।

### अशुभ स्थिति

- बुध के सातवें भाव में अशुभ होने पर जातक के निकट सम्बन्धियों को कष्ट होगा।
- जातक की स्त्री को कष्ट होगा।
- बुध के अशुभ होने पर जातक शारीरिक रूप से अस्वस्थ होगा।

## उपाय-

- ससुराल से अधिक सम्बन्ध न रखें
- अनैतिक कार्य न करें। जुआ न खेलें।
- सट्टा अथवा जुआ कदापि न खेलें।
- बहन व माता का आदर करें।
- गाय के नवजात बछड़े का पालन -पोषण करेक।

## टोटके -

समुद्री अथवा हवाई यात्र पर जाने से पूर्व सफेद मोती को सोने अथवा चाँदी में जड़वाकर पहनने से लाभ होगा।

- पन्ना अथवा हीरों अंगूठी में धारण करें।

## लाल किताब के लेखक का मत

- हस्त कला से ऐसे व्यक्ति को लाभ होगा।
- ऐसा व्यक्ति थोड़ी सी मुलाकात होने पर ही दूसरों की सहायता करने वाला होगा।
- पत्नी अमीर घर की होगी।
- पत्नी की बहन भी ऐसे व्यक्ति को चाहने वाली होगी और स्वयं उससे मिलकर उसके भई की मिट्टी खराब करेगी।
- ऐसा व्यक्ति नियानवें के फेर में पड़ा रहता है, जिससे उसे केवल हानि ही होती है।

## बुध - आठवां भाव

### शुभ स्थिति

- आठवें भाव में बुध के शुभ होने पर व्यक्ति के लिए कोई भी पुरूष ग्रह अशुभ नहीं होगे।
- चन्द्र की वस्तुएं लाभदायक सिद्ध होंगी।
- बुध के शुभ होने पर व्यक्ति आर्थिक रूप से सही होगा। वह न तो अधिक धानवान होगा और न ही अधिक निर्धना

### अशुभ स्थिति-

- बुध आठवें भाव में यदि अशुभ्ज्ञ हो तो व्यक्ति शारीरिक रूप में अस्वस्थ होगा।
- व्यक्ति सम्पूर्ण जीवन कठिन परिश्रम करेगा
- बुध के आठवें भाव में अशुभ होने पर जातक का पुत्र कष्ट में रहेगा। तथा उसकी माता भी दुखी में रहेगी। -जातक को घर से दूर रहना पड़ेगा।

### उपाय -

- पूजा करने का स्थान बार-बार न बदलें।
- बुध के अशुभ होने पर उससे सम्बन्धित वस्तुएं दान करें।
- घर का निर्माण बार-बार न करें।
- मंगल से सम्बन्धित वस्तुए श्मशान में दबाएं।
- केले का प्रसाद बनाकर बाँटें।
- किसी बर्तन में घी और बताशे भरकर भूमि में दबाएं।

- गाय की मोटी रोटियां खिलाएं
- चाँदी का छल्ला पहनें।
- रात्रि में छत पर दूध रखें।

## बुध - नौंवा भावा

### शुभ स्थिति-

- नौवें भाव में बुध के शुभ होने पर जातक अपने परिवार का पोषण करेगा। जातक परिश्रमी, इमानदार होगका।
- जातक की आयु और धन में अपार वृद्धि होगी।
- जातक धार्म का पालन करने वाला एवं ईश्वर में आस्था रखने वाला होगा।
- जातक प्रत्येक हालातों में प्रसन्न रतता है। वह कभी जीवन से हताश नहीं होता है।

जतक उत्तम शारीरिक गुणों से युक्त सादगी पूर्ण जीवन व्यतीत करने वाला होगा।

### अशुभ स्थिति-

- यदि बुध नौंवे भाव में अशुभ हो तो जातक काष्ठ रोग से पीड़ित होता है
- जातक आलसी व सिर्फ अपने लिये सोचने वाला होता है।
- जातक के शरीर में भयंकर विका हो जायेगा।
- जातक अल्पायु होगा तथा संतान काफी कष्टों के उपरान्त मुश्किल से प्राप्त होगी।

- बुध के अशुभ होने पर जातक धोखेबाज व अपने वचन से फिस जाने वाला, दूसरो को कष्ट पहुँचान वाला होगा।
- जातक का विवाह अनेक बाधाओं के बाद होगा।

**उपाय -**

- हरे वस्त्र का प्रयोग कदापि न करें।
- साधु अथवा ढोंगीर के चक्कर में न पड़ें।
- अपनी सामर्थ्य के अनुसार दान करें।
- घर में पशु अथवा पक्षी कदापि न पालें।

**टोटके -**

- पीले वस्त्र में चांदी रखकर भूमि में दबाएं
- कन्याओं के कान छिदवाएं।
- मिट्टी के करवे में घी, शहद रखकर घर के आधेरे काने में दबा दें।
- कुत्तों को न्द्रह दिन तक मीठी रोटी खिलाएं।
- चांदी का कथा हाथ में अवश्य पहनें
- गाय को माल-पुए खिलवाएं।
- बरगद के वृक्ष के नीचे घी का दीपक जलाएं।
- हलल्दी का टीका लगाएं।

लाल किताब के लेखक का मत

- बुध के शुभ होने पर व्यक्ति को जले हीअपने पेट के लिए रोटी न मिले मगर परिवार का पालन- पोषण अवश्य करेगा।

- लोहे की गोल वस्तु जिस पर मंकगल का रंग हो, बुध को अशुभता से बचाएगी। नाक

  छेदन सबसे उत्तम और नदी के पानी से धोया हुआ पीला कपड़ा शुभ होगा।

- मकान की तह में चांदी दबाना अच्छा और शरीर पर चांदी धारण करना शुभ होगा।

## बुध - दसवां भाव

## शुभ स्थिति-

- बुध यदि शुभ हो तो जातक हंसमुख, दूसरों को प्रसन्न रखने वाला व्यवहार कुशल होता है।

- जातक माता-पिता की सेवा करने वाला, उनकी आज्ञा मानने वाला तथा नीति पालक होता है। वह सम्पूर्ण प्राणी माह के लिए दयावान होता है।

- जातक अपनी चतुराई व अपनी मधुर बातों से सबको वश में करके अपने कार्य को बना लेता है। जातक किसी भज्ञी कार्य में शर्म नंही करता इसलिए वह धनवान होता हे। तथा यही उसके धनवान होने का रहस्य होता है।

- बुध के शुभ होने पर जातक अनेक गुणों से सुसज्जित होता हे। वह बहुमुखी प्रतिभाओं का जानने वाला तथा चारित्रिक गुणों से पूर्ण होता है। उसकी संतान भी उसकी ही तरह उत्तम गुणों वाली होती है।

## अशुभ स्थिति-

- बुध दसवें भाव में अशुभ हो तो जातक शराबी व मांसाहारी होता है तथा अनैतिक कार्यें में लिप्त हरहने वाला होता है तथा यह दुर्गुण हीउसकी बर्बादी का कारण होता है।
- यदि बुध अशुभ हो ता जातक के माता-पिता अल्पायु होते हैं। यदि बुध के साथ अशुभ सूर्य हो तो जातक की माता को कष्ट होता है।
- बुध के अशुभ होने पर जातक का जीवन अनेकक भीष्ट कष्टों से घिरा होगा और जातक परेशान रहेगा।

## उपाय -

- शनि का उपाय केरं अथवा शनि से सम्बन्धित वस्तुएं दान करें।
- मांस व मदिर का सेवन करना स्वयं अपने लिए बर्बादी का कारण होगा।
- ईश्वर में पूर्ण आस्थ रखें।
- किसी स झगड़ा न करें, किसी को धोख न दें।

## टोटके -

- दूध देने वाले पशु पालें।
- घर में लताएं व ऊँचे पेड़ लगायें।

लाल किताब के लेखक का मत

- ऐसे व्यक्ति का शेर के मुँह वाला मकान (आगे से चौड़ा पीछे से संकरा) होगा। जिसमें

अपनी गृहस्थी के साथ रहना हानिकारक होगा। परन्तु ऐसी जगह पर कारोबार करना

लाभकारी होगा।

- ऐसा व्यक्ति शरारती, मतलब परस्त, चालबाज और धोखेबाज होगा।
- यदि शनि अशुभ हो तो व्यक्ति शराबी, कबाबी होगा। जबान का स्वाद बर्बादी की पहली

निशानी होगा।

**बुध - ग्यारहवां भाव**

**शुभ स्थिति-**

- ग्यारहवे भाव में यदि बुध शुभ हो तो जातक सभी पकार के उत्तम गुणों से युक्त होगा।
- जातक धनी व अथाह संपत्ति वाला होगा।
- जकक की कन्याओं का विवाह ऊँचे कुल में होगा तथा पुत्रों को उत्तम पत्नियां प्राप्त होंगी।
- जातक बड़ों से शर्म करने और अनेक योग्यताओं से पूर्ण से पूर्ण होगा।

**अशुभ स्थिति-**

- बुध के अशुभ होने पर जातक मूर्ख होगा। वह किसी भी कार्य को सोच विचार कर करने वाला होगा। किन्त वह कभी भी दूसरों की सलाह नहीं लेगा। अत: इसी कमी के कारण हानि उठाएगा।

- जातक आलसी और निकम्मा होगा। वह पिता द्वारा अर्जित धन एवं संपत्ति को नष्ट कर देगा।

**उपाय -**

- किसी भी साधू अथवा फकीर के चक्कर में न पड़ें।
- किसी भी कार्य को करने से पहले बड़े बुजुर्गों की सलाह लेना उपयोगी होगा।
- चेड़े पत्तों के पेड़-पौधे घर में लगाएं।

**टोटके -**

- व्यक्ति को चाहि 'कवह अपने गले में काले धागे में तांबे का पैसा डालकर पहने।
- खाली पात्रें को उघाड़ा कर रखे।

लाल किताब के लेखक का मत

- जन्म से लेकर चौंतीस वर्ष की आयु तक ऐसा मैंदा असर होगा कि एक मुर्दे की तरह भाग्य के हाल में बर्बाद होगा आर चन्द्र, बृहस्पति व शनि का फल मंदा करता रहेगा।
- बुध का शुभ / अशुभ होना बृहस्पति की हालत पर निर्भर होगा।
- आधी आयु गुजरने के बाद अराम मिलेगा। धन -दौलत की सब कमी पूरी होगी।
- दिन का समय कम खुशी का होगा मगर रात हमेश खुशी की होगी।

## बुध -बारहवां भाव

### शुभ स्थिति-

- बुध बारहवें भाव में शुभ हो और शनि बारहवें भाव में हो तो जातक परिवार के लिए उत्तम होना और धन संपत्ति की वृद्धि होगी
- बुध बारहवें भाव में शुभ होतो जातक को सम्मान एवं प्र-सिद्धि हासिल होगी और जहाँ भी वह जाएगा उसे मान ही मिलेगा।
- जातक माता-पिता की सेवा करने वाला होगा।

### अशुभ स्थिति-

- बुध यदि बारहवें भाव में अशुभ हो तो जातक के लिए अशुभ ही करेगा। जातक स्वार्थी और झूठा होता है।
- जातक आलसी और दूसरों को कष्ट पहुँचाने वाला होता है।
- जातक किसी भंयकर दुर्घटना का शिकार होगा तथ्ज्ञा उसे कोई भंयकर रोग होगा।

### उपाय-

- गणेश जी की उपासना करें।
- घर में कुत्ता पालें।
- किसी से भूलकर झूठ न बोलें।
- किसी से लड़ाई - झगड़ा कदानि न करें। यदि करेंगे तो स्वयं ही नुकसान होगा।

- क्रोध न करें तथा स्वयं पर काबू रखें। किसी को अशुभ वचन न बोलें।

## टोटके -

- अंगुली में लोहे का छल्ला पहनें।
- माथे पर चन्दन अथवा केसर का तिलक प्रतिदिन लगाएं।
- गले में पीले रंग का धागा पहनें।

## लाल किताब के लेखक का मत

- बुध बारहवें भाव में हो औश्र बृहस्पति का साथ हो तो व्य-क्तिगे न तो इज्जत खराब होगी न अच्छी ही होगी, मगर शनि के साथ होने पर व्यक्ति को धन-दौलत परिवार अच्छा मिलेगा।
- बहन, बुआ, बेटी, मौसी, अपने घर दुखिया और ससुराल में खुश हाल होंगी।

ऐसा व्यक्ति दिमाग में आयी बात को पूरी करने के लिए सिर से पाँव तक अपनी पूरी शक्ति लगा देगा।

## गुरू (बृहस्पति)

## सामान्य परिचय-

गुरू सभी ग्रहों का गुरू है, यह अच्छी व बुरी दोनों स्थितियों का स्वमी है। गुरू को फारसी में मुश्तरी, और अंग्रेजी में ज्यूपीटर कहते हैं।इसका वार गुरूवार व रंग पीला है। यह पुरूष ग्रह है। सूर्य, चन्द्र, मंगल इसके मित्र हैं तथा शुक्र व बुधा इसके शत्रु हैं। गुरू का काल बत्तीस दिन, सालेह बर्ष, आयु पिहचत्तर वर्ष

है। किसी भी ग्रह के साथ मिलने पर इसकी आयु सोलह वर्ष होती है।

## गुरू-पहला भाव

### शुभ स्थिति-

- पहले भाव में गुरू के शुभ होने पर जातक धार्मिक प्रवृत्ति का तथा ईश्वर में आस्था रखने वाला होगा।
- जातक का व्यक्तित्व सभी को प्रभावित करने वाला, माधुर्य से पूर्ण ह्रदय वाला होगा,

  जिस कारण वह अपने जीवन में निरंतर उन्नति करेगा।
- जातक सत्य बोलने वाला एवं दयालु होगा।
- दूसरों के बारे में ऐसा जातक कभी गलत विचार अपने मन में नहीं लाता।

### अशुभ स्थिति-

- गुरू के पहले भाव में अशुभ होने पर जातक के सर के बाल उड़ जायेंगे।
- जातक की विद्या बिना किसी कारण के रूक जायेगी।
- जातक के परिवार में कोई भी व्यक्ति उच्च शिक्षा.पाप्त नहीं कर पाएगा। यदि पढ़ेगा तो

  अनपढ़ के समान होगका।
- जातक का पारिवारिक जीवन दुःख से बीतेगा, तथा उसे हर तरफ से कष्टी ही मिलेंगे।

  सुख का एक पल भी उसे नसीबन होगा।

## उपाय -

- सिर पर पगड़ी बाँधे व मस्तक पर पीला तिलक लगाएं।
- ब्रह्म जी की उपासन से लाभ होगा।
- किसी को अपने वस्त्र कदापि न दें।
- चनद्र की वस्तुंए दानकरें अथवा उससे सम्बन्धित वस्तुए घर में स्थाति करें।
- स्त्रियों का सम्मान करें, स्त्रियों का अनादर न करें।
- गाय पाल और उसकी सेवा पूर्ण श्रद्धा के साथ करें।

## टोटके -

- मंगल की वस्तुएं -ताँबा व लाल वस्त्र भूमि में दबाना लाभकारी होगा
- सिर पर पगड़ी बाँधे व मस्तक पर पीला तिलक लगाएं।
- तिजोरी में चाँदी के सिक्के अवश्य रखें।

## लाल किताब के लेखक का नाम

- अपनी दिमाग तातक के बल पर देश के बड़े-बड़े नेताओं से दोस्ती करने में महारथ हासिल होगी।
- एक बच्चे की पैदाइण के बाद दूसरे बच्चे की आयु का अन्तर कम से कम आठ वर्ष होगा।
- कई विधाओं का ज्ञात तथा सरकारी नौकर होगा।
- आयु बढ़ने के साथ-साथ हालात में सुधार आते जायेंग।
- ऐसा व्यक्ति संन्यासी का जीवन भी व्यतीत कर सकता है।

सभीलोग उसका आदर करेंगे।

- किसी के आगे हाथ नही फैलाना पड़ेगा क्योंकि भाग्य साथ देगा।

## गुरू - दूसरा भाव

## शुभ स्थिति-

- गुरू दूसरे भाव में अशभ हो तो दान पुण्य से धन की वृद्धि होगी।
- जातक के गुणों के कारण उसकी प्रशंसा प्रत्येक स्थान पर होगी।
- निर्धन होने पर भी जातक युवावस्था में धन संपत्ति अर्जित करेगा।
- गुरू के दूसरे भावमें शुभ होने पर जातक विभिन्न विधाओं को जानने वाला उच्चकोटि का विद्वान होगा।

## अशुभ स्थिति

- गुरू यदि दूसरे भाव में अशुभ हो तो जाक दुखी और परेशान रहता है।
- जातक किसी रोग का शिकार होकर अस्वस्थ हो जाता है।
- गुरू दूसरे भाव में अशुभ हो तो जातक अपने दुर्गुणों के कारण अपने परिवार को नष्ट करने वाला होता है।

## उपाय-

- गुरु से सम्बन्धित वस्तुंए चले की दाल अथवा पले वस्त्र दान करें।

- गुरू से सम्बन्धित वस्तुए स्थापित करने से लाभ होगा।
- किसी को अपशब्द न बोलें।

  घर पर आए याचक व अतिथियों को अपमानित न करें।
- माता का सम्मान करें।
- गुरू (शिक्षक) को ईश्वर सृदश मानकर उनकी पूजा करें।

**टोटके -**

- सर्प को दूध में केसर मिलाकर पिलाएं।
- केले के पेड़ की जड़ों में दूध चढ़ाएं।

**लाल किताब के लेखक का मत**

- दूसरा भाव गुय का असली स्थान है। इस स्थान के स्वामी व्यक्ति की सन्तान, कारोबार

  और ससुराल के द्वारा भाग्योदय होगा।
- शत्रु ग्रहों का गुरूपर कोई असर न हागा, जिस कारण गुरू का असरकारी व्यक्ति जीवन

  में उन्नति करता जायेगा।
- सोलह से बत्तीस वर्ष के मध्य लक्ष्मी देवी की कृपा होगी। वैसे सत्ताईस वर्ष की अवधि

  उन्नति की होगी।

## गुरू- तीसरा भाव

### शुभ स्थिति-

- तीसरे भाव में गुरू के शभ होने पर जातक विभिन्न विद्याओं को जानने वाला तथा बहादुर

  होगा।

- जातक न्याय का पक्ष लेने वाला तथा असत्य से घृणा करने वाला होगा।

- जातक दीर्घायु होगा।

- जातक चितुर होता है,त था दूसरों को अपने वश में करने में माहिर होता है।

- जातक सन्तान प्राप्त करने के बाद धनी होक जायेगा व पूर्ण जीवन उन्नति प्राप्त करने

  वाला होगा।

### अशुभ स्थिति

- गुरू के तीसरे भाव में अशुभ्ज्ञ हो तो जातक भाग्यहीन होता है।

  जतक धोखेबाज नस्तिक प्रवृत्ति का होगा। वह कभी किसी की भलाई नहीं चाहेगा।

- जातक अपने कुटुम्ब का सर्वनाश करने वाला तथा दूसरो को कष्ट देंने वाला होगा।

### उपाय -

- दुर्गाजी की उपासन करने से लाभ होगा

- किसी को धोखा न दें, किसी भी व्यकित से अधिक सम्बन्ध न रखें।
- गुरू का उपाय करें।
- कनन्याओं की सेवाक रते रहने से धन, विद्या, सम्पत्ति की वृद्धि होगी।

## टोटके -

- कन्याओं के गुरूवार के दिन भोजन कराये और उनके पैर छूकर आशीवाद लें।
- चन्दन अथ्वा केसर से तिलक लगाएं।

  यदि घर के पास कोई गहरा स्थान हो तो उसे मिट्टी से भर दें।
- गुरूवार के दिन पली वस्त्र धारण करें।

## लाल किताब के लेखक का मत

- व्यक्ति की लम्बी आयु और अच्छी सेहत का स्वामी होगा।
- भाई बहन अच्छे और सहायता करने वाले हांगे।
- 26 वर्ष की आयु के पश्चात अच्छा बड़ा परिवार और राज-कुमार जैसे ठाट-बाट होंगे।
- ऐसे व्यक्ति अपने घर परिवार का मुखिया होगा।

## गुरू-चौथा भाव

## शुभ स्थिति-

- यदि गुरू चौथे भाव में शुभ होत तो जातक दयालु, दसरों की सहायता करने

वाला, धर्म एवं ईश्वर में सम्पूर्ण आस्था रखने वाला ईमानदार होता है।

- जातक चरित्रिक गुणों से पूर्ण दीर्घायू व समृद्धशाली होता है।
- जातक उच्च शिक्षा प्रज्ञप्त होगकी तथ्ज्ञा जीवन में सम्पूण भौतिक सुख

  सुविधाएं उपलब्ध होंगी।
- जातक उत्तम व स्वस्थ शरीर वाला होता है।
- गुरू के शुभ होने पर जातक अपने गुणों के कारण समाज में सम्मान व प्रतिष्ठा प्राप्त करने वाला होता है।

## अशुभ स्थिति-

- यदि गुरु चौथे भाव में अशुभ हो तो जातक कायर व दुखो से निराश हो जाए।
- जन्म लेती ही परिवापर पर दुखों का पहाड़; टूट पड़े।
- यदि अनैतिक कार्ये में लिप्त हो तो जातक के कुल का सर्वनाश हो जाएगा।
- जातक आलसी और मुफतसखेर होता है।
- आलसी होने के कारण जातक धनी होने पर भज्जी अपने दुर्गुणों से निर्धन हो जाए।
- चन्द्र की वस्तुंए प्रयोग में लाने से अशुभ फल प्राप्त होगा।

## उपाय-

- मांस और मदिर का सेवन कदापि न करें। अन्यथा गुरू का प्रभाव अत्यन्त अशुभ हो जायेगा।

- माँ दुर्गा की सेवा से सुख प्राप्त होगा।
- चरित्र उज्ज्वल रखे। पराई स्त्रों को दूषित निगाहों से न देखे तथा उनसे सम्बन्ध न रखें।
- माता-पिता का सम्मान करें, उनका अपमान न करें।
- गुरू की वस्तुएं दान करें।

## टोटके -

- राहु और केतु को प्रसन्न करने का उपाय करें। उनसे सम्ब_ न्धित वस्तुएं भूमि में दबाएं चन्दन तथा केसर से तिलक लगाएं।
- कन्याओं को मीठा भोजन खिलाएं तथा उनसे आशीर्वाद लें।
- गुरू के दिन पीले वस्त्र पहनें।

## लाल किताब के लेखक का मत

- गाँव, शहर या क्षेत्र में हजारों लाखों की संख्या में लोगों के बीच प्रसिद्ध व्यक्ति होगा।
- राजनीतिक ज्योतिष तथा भविष्य का अच्छा ज्ञाता होगा।
- जिसकी कुण्डली के चौथे भाव में गुरू हो, उसका पिता न्यायधीश के पद पर आसनी होगा।

## गुरू-पांचवां भाव

## शुभ स्थिति-

- पांचवें भाव में गुरू शुभ हो तो व्यक्ति विद्वान, सर्वगुण सम्पन्न तथा दयालु

होगा।

- व्यक्ति सभी से स्नेह करने वाला, अपने कर्त्तव्य को निभाने वाला तथा दूसरों की सहायता करने वाला होता है।
- गुरू के शुभ होने पर वयिक्त उच्चाधिकारी अथवा कारखाने का मालिक होता है जिसके कारण अनेकों लोगों को रोजगार मिलेगा।

## अशुभ स्थिति-

- यदि गुरू पांचवें स्थान पर अशुभ हो तो जातक मुफतख़ोर होगा तथा दूसरों की दया पर पलेगा, साथ हा वह आलसी व निकम्मा भी होगा जिस कारण उसे प्रत्येक स्थान पर तिरस्कार मिलेगा।
- जातक को संतान सुख प्राप्त नहीं होगा अर्थात वह निःसंतान होगा। यदि संतान होगी तो वह अल्पायु होगी।
- गुरू के साथ राहु अशुभ हो तो जातक मनहूस एवं जीवन से निराश होगा।

## उपाय –

- गणेश जी की उपासनाकरें
- मांस व मदिरा का प्रयोग न करें अन्यथा गुरू अशुभ होगा।
- किसी भी बिना मूल्य चुकाये कोई वस्तु न लें, किसी से कुछ न मांगें।
- केतु का उपाय करें।
- गाय का पालन करें।

## टोटके -

- केले का पेड़ लगायें
- सिर को पगड़ी अथवा टोपी से ढक कर रखें।

लाल किताब के लेखक का मत

- कारोबार, व्यापार सब उन्नति पर होगा।
- सन्तान के कारण वृद्धावस्था अच्दी गुजरेगी क्योंकि सन्तान के भाग्यसे स्वयं का भाग्य बनेगा। इनकी पहली सनन्तान के उत्पन होने से पहले मानो इनका भाग्य सोया हुआ था।
- कुण्डली के दो, नौ, ग्यारह और बाहर भावों मे यदि गुरू के मित्र ग्रह सूर्य, चन्द्र और मंगकल हों तो उनकी सहायता मिलेगी।
- दूसरे की पूरी इज्जत करने वाला और इन्सानियत का मालिक होगा।

## गुरू-छठा भाव

## शुभ स्थिति-

- गुरू के छठे भाव में शुभ होने पर व्यथ्क्त सज्जन और सदाचार का

पालनकरने वाला होता है।

- ऐसा व्यक्ति आलसी होता है, वह अपने जीवन में कभी परिश्रम नहीं करता,

चैतृत सम्पत्ति जवन भर लुटाता रहता है।

- वह अपने अतिथियों की सेवा करने में समर्थ होता है।

- उसके पास आपार सम्पत्ति (जयदाद) तो होगी न्ति नगद धन नहीं होगा।
- जातक ईर्ष्यलु प्रवृत्ति का होगा।

**अशुभ स्थिति-**

- गुरू के छठे भाव में अशुभ होने पर जातक कभी सुखी नहीं रह पायेगा। वह हमेशा परेशानियों से घिर रहेगा।

  गुरू छठे भाव में अशुभ हो और बुधा आठवें भाव में हो तो जातक को धन की हानि होती है और वह दर-दर का भिखरी बन जाता है।
- गुरू का अशुभ प्रभाव सीधा संतान पर पड़ेगा

**उपाय -**

- कन्याओं को भोजन कराएं एवं उनके पैर छुएं।
- अपना चरित्र न गिरने दें।
- कष्टो को दूर करने के लिए परिश्रम करना ही सबसे उत्तम उपाय है। अतः

  परिश्रम से जी न चुराएं।
- केतु का उपाय केरं।
- शिवजी की पूजा अर्चना करें।
- संतान के प्रति लापरवाही न बरतें।
- नीले रंग के कपड़े में सोने तोलने वाली रत्तियाँ बाँधकार रखें।

- कुत्ते को अपने भोजन से नित्य कुछ अंश देना लाभदायक सिद्ध होगा।
- पीला सत्र ब्राहमण को दें।
- माथे पर प्रतिदिन केसर का तिलक लगाएं।
- बरगद के वृक्ष पर 21 दिन तक चल चढ़ाने से शुभ फल प्राप्त होगा।
- गुरू से सम्बन्धित वस्तुओं जैसे चने की दाल, स्वर्ण, पीले वस्त्र, हल्दी आदि को पले वस्त्र

  में लपेट कर भूमि में दबाएं, लाभ होगा।
- अपनी तर्जनी अंगुली में सोने की पुरानी अंगूठी धारण करें।

लाल किताब के लेखक का मत

- पूर्वजों का ना का दान स्वयं क भाग्य की बुनियाद होगी।
- मान सम्मान का स्वामी होगा, धनी होगा या सोने की खान से रहने वाला होगा और मरते

  दम तक खुशहाल होगा।
- अल्पआयु में माता-पिता का साया सिर से उठ जायेगा।

गुरू-सातवां भाव

## शुभ स्थिति

- गुरू के सातवें भाव में शुभ होने पर जातक धार्मिक, ईश्वर में आस्था रखने

  वाला, सत्य के माँ के अनुसरण करने वाला, तपस्वी के समान दयालु व गम्भी

मुद्रा वाला होता है।

- जातक का व्यापार अथ्व्ठावा रोजगार यात्र से जुड़ा होगा इसलिए वह अपने

  जीवन में अनेक यात्रएं करेगा।

- थ्ववाह के पश्चात् उसका भाग्योदय होगा। उसके परिवार-कूटुम्ब की वृद्धिक

  होगी और उत्तम सन्तन प्रापत होगी। सन्तान के उत्पन्न होते ही उसकी सभी समस्याएं खत्म हो जाएंगी।

  अशुभ स्थिति -गुरू अगर सातवें भाव में अशुभ हो और शनि के साथ हो जो जातक अनैतिक कार्यो में लिप्त रहने वाला अथवा दुष्ट प्रवृत्ति का होगा।

- गुरू के सातवें भाव में अशुभ हो और शनि के साथ हो तो जातक अनैतिक कार्यों में लिप्त रहने वाला अथवा दुष्ट प्रवृत्ति का होगा।

- गुरू के सातवें भाव में अशुभ होने पर यदि बुध नौंवे भाव में हो तो जातक का पारिवारिक जीवन परेशानियों और कहल में व्झतीत हो।

- जातक संतान के लिए तरसेगका, संतानहीन होगा और सुखी न होगा।

**उपाय -**

- शिवजी की उपासन करें।

- अपनाप चरित्र न गिरने दें। संयम रखें।

- आइम्बर से बचें।

- सत्नान को पूर्ण सहयोग दें। उनके प्रति लापरवाह न हों
- साधु- महात्माओं के च्चकर में व्यर्थ न आयें।
- अनैतिक कार्यज्ञें से बचें, मेहनत से जीविकोपार्जन करें।

## टोटके -

- पीले कपड़े में पुराना सोबना बाँधकर तिजोरी में रखें।
- चन्द्र की वस्तुओं को एकत्रित करें, लाभ होगा।
- चांदी की अंगूठी धारण करें।

लाल किताब के लेखक का मत

- पत्नी के दहेज में आये समान पर ईश्वर की कृपा होगी। उन्नति और धन का निर्णय चन्द्र के अच्छे व शुभ होने से होगा।
- धर्म कार्यो में सबसे आगे रहेगा।
- कुशल यात्री और सहायता करने वाला होगा, मगर अपने घरेलू हालात के लिए 34 वर्ष की आयु में समस्त ऐशो - आराम के बाद पुत्र की प्राप्ति को तरसगा। फिर 45 वर्ष की आयु में पुत्र की प्राप्ति होगी और व्यकित अपने पहले दुःख दरिद्रा से छुटकारा पाएगा। तात्पर्य यह है कि कर्जदार नहीं मरेगा।

## गुरू- आठवा भाव

## शुभ स्थति-

- आठवें भाव में गुरू शुभ हो तो जातक सभी प्रकार के सुख प्राप्त करेगा

- ईश्वर में आस्थ रखेगा, उसे ईश्वरीय सहायता भी प्राप्त होगी।
- जातक की सन्तान उसी भाग्य वृद्धि में सहायक होगी। पिता व सन्तान दोनों दीर्घायु होंगे।

**अशुभ स्थिति-**

गुरू आठवें भाव में अशुभ हो और मंगल सातवें भाव में हो तो जातक दरिद्र होगा। उसके कुल का नाश होगा तथा उसे गम्भीर कष्टों का सामान करना पड़ेगा।

- आठवें भाव में अशुभ गुरू के कारणा जातक अपयश प्राप्त हकरेगा, बदनाम होगा।

**उपाय -**

- गुरू व शुक्र से सम्बन्धित वस्तुंए दान करने से लाभ होगा।

  द्वार पर आये हुए किसी भी याचक को घर से खाली हाथ वापस न भेजें अन्यथा धान की हानि होगी।
- दीर्घायु के लिए गले में सोना पहनें।
- किसी की शवयात्र में कदापि शामिल न हों अन्यथा गुरू का अशुभ प्रभाव प्राप्त होगा।

**टोटके -**

- पीले रंग की मिठाईयाँ परिवार में बाँटें।
- पीपल का वृक्ष वीरान जगह पर लगाएं तथा उसे प्रतिदिन जल चढ़ाएं।

- मन्दिर में गकुलाल के फूल संध्या समय चढ़ांए।
- स्वर्णभूषण धारण करें।

लाल किताब के लेखक का मत

- स्वयं धनवान हो या न हो, मगर संसार का हर सुख (जिसकी इच्छा हो) मिले और जरूरत

का हर काम पूरा हो।

- मुसीबत के समय प्राकृतिक हहायता मिले।
- ऐसे व्यक्ति की भाग्योनति प्राकृतिक रूप से होगी। जब त कवह जियेगा, भाग्य उसका साथ देता रहेगा।
- मरते के मुँह में पानी और दुःखी के आँसू पौंदने वाला होगा।

ऐसा व्यक्ति कम से कम छः बच्चो का बाप होगा।

## गुरू-नौवां भाव
## शुभ स्थिति-

- यदि गुरू नौवें भाव में शुभ हो तो व्यक्ति भाग्यशाली और परिश्रमि होगा तथा अपने बाहुबल से धन अर्जित करेगा।
- व्यक्ति अनुभवों से साधु के समान ज्ञान होगा, उसके गुणों के कारण प्रसिद्ध

दूर-दूर तक होगी। तथा वह राजसी वैभव प्राप्त करेगा।

- जातक उत्ताम चरित्र वाला तथा मांस-मंदिरा से परहेज करने वाल व उनसे घृणा करने वाला आदर्श व्यक्तित्व का स्वामी होगा।

## अशुभ स्थिति

- नौवें भाव मं गुरू अशभ हो तो जातक नास्तिक और धर्म के विपरीत कार्य करने वाला होगा।
- जातक अस्वस्थ रहे तथा हृदय रोग से पीड़ित रहेगा तथा उसका शरीर क्षीण हो जाएगा।
- नौवं भाव में गुरू के अशुभ होने पर जातक ईर्ष्यलु, दुसरों के दिल को दुखाने वाल तथा संतान के कारण दुखी और शक्तिहीन होकर मृत्यु को प्राप्त हो जायेगा।
- जातक अल्पायु होगा। उसे सम्पूर्ण जीवन कठिन परिश्रम करना पड़ेगा

## उपाय -

- जातक ईश्वर की अराधना करे तथा धर्म में आस्था रखे। धर्म विरोधी कार्य कदापि न करे।
- शराब व मांस का सेवन न करें अन्यथा स्वास्थ्य की हानि होगी। मन्दिर में प्रसाद चढ़ाएं।
- सवर्ण धारण करें।
- घर में हवन पूजा कराते रहें।
- गुरू की वस्तुए स्थापित करें।
- किसी के लिए अशुभ वचन न बोले। सदैव सत्य बोलें।

## टोटके -

- प्रत्येक पूर्णमासी को गंगा स्नान करें।

- बुध से सम्बन्धित वस्तुएं एकत्रित करके पानीं बहाएं या भूमि में गाड़ दें।

लाल किताब के लेखक का मत

- ऐसे व्यक्ति की आयु लगभग 75 वर्ष होना अनिवार्य होगी।
- ऐसा व्यक्ति दिल का साफ और सज्जन होगा।
- खर्च करने के लिए धन की कम न होगी।
- कारोगार में धन लाभ होगा।
- पूर्वजों की जमीन-जायदाद का मालिक होगा।
- नियत साफ होगी तो धन वृद्धि होने के अनेक अवसर भी आयेंगे।

## गुरू- दसवां भाव

## शुभ स्थिति-

- गुरू दसवें भाव में शुभ हो तो जातक अपने भाग्य का निर्माता स्वंय होगा वह धर्म का मार्ग अपनाकर चलेगा।
- जातक चतुरता से धन सम्पत्ति अजिर्त करने वाला तथ्ज्ञा साधन सम्पन्न होगा।
- गुरू दसवें भाव में हो और तीसरे भाव में सूत्र हो तो जातक स्वर्ण व चांदी के व्यापार से लाभ प्राप्त करेगा।
- जातक हंसमुख स्वभाव का तथा अपने समस्त कर्त्तव्यों को निभाने वला होगा।
- शनि के कार्यो से लाभ होगा।

## अशुभ स्थिति-

गुरू दसवें व शनि चौथे, पहले या दसवें हो तो जातक दुष्ट हो, अभाव व रोटी को तरसे।

- गुरू दसवसें में अशुभ हो तो धन और शिक्षा की होनि हो। जब शनि की सहायता न मिले तो मांग-मांगकर खाना पड़े। पिता भी निर्धन हो। 36वें वर्ष में हनुमान मनिछर जाना शुरू केरं तो खाने को रोटी मिले। बाल्य-काल में वद्वावस्था दोनें ही अच्छी न बीतें। इच्छाएं पूर्ण न हों सनन्तान शत्रु की तरह व्यवहार करें। 27 से 36 वर्ष तक का समय अच्छा नहीं बीते।

  38वें वर्ष से थोड़ी रात मले। 38वें वर्ष से सिथति में सुधार हो। जातक को कोई साहयता नहीं मिलेगी। उसे अपने लिए अकेले संघर्श करना पड़ेगा।

- गुरू दवसें शनि ), 4, या 0 वें हो तो अच्छा कार्य या लाभ करने पर भी दण्ड या कष्ट पाए।

## उपाय -

- केतु का उपाय करेन से लाभ होगा।
- सूर्य ग्रहण को शनि से सम्बन्धित वस्तुएं धर्मस्थल पर दान करें।
- कन्यायओं के पैर जल से धोएं और उनके पैर छूने से स्थित में सुधार होगा। ऐसा लगभग तीन स्पताह तक प्रतिदिन करें।
- स्वर्णभूषण न खरीदें और न बचें।

## टोटके -

- सूर्य ग्रहण के समय शनि की वस्तुएं ब्राह्मण को दान में दे जिसमें पीले वस्त्र व लोहे का पात्र अवश्य हो।
- ताबे का सिक्का एक महीने तक पानी में बहाएं।
- केले के वृक्ष की पूजा गुरूवार के दिन करेंआर पूजा के बाद जड़ में जल चढ़ाएं।
- यदि घर में कोई फल का पेड़ गला हो तो उसको तत्काल ही कटवा दें अन्यथा वह आपके लिए हानिकारक होगा।
- काले रंग के पक्षी को घर पर न बैठने दें।

## गुरू - ग्यारहवां भाव

## शुभ स्थिति

- ग्यारहवें भाव में गुरू के शुभ होने पर जातक विभिन्न विधाओं का जानने वाल एवं दयालुदूसरें की मदद करने वाला होता है।
- भाई के साथ्ज्ञ व्यपार करने पर लाभ होगा और जातक धनवान हो जाएगा।
- उुरू के ग्यारहवें भाव में शुभ होने पर जातक भाग्यशालनी और धनी होगा। वह अपने

  सम्बन्धियों से सम्पर्क रखने वाला और उनसे स्नेह करने वाला होगा।

## अशुभ स्थिति-

- गुरू के ग्यारहवें भाव का फल अशुभ होने पर जातक चरि-त्रहिन व अनैतिक व अधार्मिक कार्यो को करने वाला नीच प्रवृत्ति वाला होगा।
- गुरू अशुभ हो तो जातक स्वार्थी होगा, और अपने पैरों में कुल्हाड़ी मारने वाला अर्थात् बुरी संगत में पड़कर अपनी बर्बादी खुद करेगा।
- गुरू के अशुभ होने पर उसकी संतान वृद्धावस्था में उसे कष्ट देगीव उसकी नेत्रज्योति अत्यन्त कमजोर हो जाएगी।
- गुरू के अशुभ होन पर जातक की पत्नी परेशान एवं रोगिणी होकर कष्ट भोगे।

## उपाय -

- शनि का उपाय करें अथवा उससे सम्बन्धित वस्तुएं घर में स्थापित करें।
- धर्म का पालन निष्ठापूर्ण करें। ईश्वर में पूर्ण आस्था रखें।
- चरित्र उज्ज्वल रखें स्त्री को सम्मान दें, उन्हें स्नेह पूर्वक रखें।
- मांस-मदिरा का प्रयोग भूलकर भी न करें। ऐसा केरंग तो स्वास्थ्य खराब होगा।
- अपने भाई - बन्धुओं के साथ रहें। उनसे अलग रहने का अशुभ फल प्राप्त होगा।
- ईष्या न करें, सबसे स्नेह करें।

- अपने वादे से न फिरें, किसी से झूठ न बोले, किसी को धोखा न दें।

**टोटके -**

- किसी की मृत्यु हो तो उस व्यक्क्ति के शव पर चादर अवश्य चढ़ाएं और उसकी अर्थी को कन्धा दें।
- पीलप के वृक्ष पर गाय का दूध चढ़ाएं।
- पक्षियों को दाना खिलाएं।

## लाल किताब के लेखक का मत

- ऐसे व्यक्ति का पिता धनवान होते हुए भी मरते समय एक पाई भी न छोड़कर जाएगा।

  शायद ही उस व्यक्ति को अपने पिता का कोई पैसा खर्च करने के नाम पर मिले।
- किया हुआ वायदा और मुँ से कही बात को पूरा करने की क्षमता होगी।
- ऐसे व्यक्ति की पत्नी या तो दुःखी रहेगी या फिर जीवन भर उसका साथ न पाएगी।
- अपने ही परिवार के किसी सदस्य या किसी सम्बन्धी के साथ मिलकर व्यापार करने से भाग्योदय होगा।

## गुरू-बारहवों भाव

**शुभ स्थिति-**

- बारहवों भाव में कग्रुरू के शुभ होने पर व्यक्ति दूसरों का भला करने वाला

और तपस्वी के समान उत्तम चरित्र वाला होता है।

- गुरू बारहवें भाव में शुभ हो तो व्यक्ति दूसरों की सेवा व सहायता से लाभ प्राप्त करेगा।
- गुरू शुभ होने पर जातक को सुखी व शत्रु से शक्तिशाली बनाएगा।
- जातक उत्तम संतान का पिता हो, दीर्घायु एवं धनी सम्पन्न हागा।

**अशुभ स्थिति-**

- बारहवें भाव में गुरू के अशुभ होन पर जातक मनहूस व धर्म का विरोधी होगा।
- जातक पिता को दुःख देने वाला, अनैतिक कार्य करने वाला, अपव्ययी होगा
- गुरू के अशुभ होने पर जातक की सन्तान दुखी होगी, जातक द्वारा किये गये कार्यो से उसकी संतान को नीचा देखना पड़ेगा।
- गुरू के बारहवें भाव में अशुभ होने पर जातक निर्धन हो जायेगा। जातक की विद्या उसके काम न आयेगी। जीवि-कोपार्जन के लिए किए गए उसके कार्य निष्फल हो जाएंगे।
- गुरू के बारहवें भाव में अशुभ होने पर जीवन के मध्याह्म तक केतु अशुभ फल देने वाला होगा।

**उपाय -**

- किसी व्यक्ति के लिए अपने मन में अशुभ विचार न लाएं, किसी का बुरा न करें, ऐसा करने से अपना ही बुरा होगा।

- गुरू से सम्बन्धित किसी की वस्तु का अपमान करने से अशुभ फल प्राप्त होगा।
- गुरू (शिक्षक) का अपमान न करें।,
- किसी भी कार्य को करने से पहले भगवान के सामने हाथ जोड़े।
- परिश्रम करने से ही भाग्य उत्तम फल मिलेगा।
- स्वर्णाभूषण से बचें।

## टोटके -

- पीपल के हरे पेड़ को काटना अशुभ होगा।
- मस्तक पर चन्दन का तिलक लगाएं। केसर को खाने में प्रयोग करें।
- गुरू से सम्बन्धित वस्तुएं टापी से ढक कर रखें।
- पीपल के वृक्ष के नीचे घी का दीपक जलायें।

## लाल किताब के लेखक का मत

- पूजा -पाठ करने से ऐसे व्यक्ति का भाग्योदय होगा।
- गृहस्थी का पूरा सुख प्रापत होगा यदि राहु की अशुभता से बचता रहे।
- लोहा आद के कारोबार से अच्छा लाभ मिलेगा।
- यदि ऐसा व्यक्ति दूसरों के सामने हाथ फैलायेगा तो उसका भाग्यउसका सज्ञथ नहीं देगा।
- धनवान होने पर भी धान का कोई लाभ न उठा पाएगा, क्योंकि राहु फिजूल का खर्च कराता रहेगा।

## शुक्र

## सामान्य परिचय -

प्रेम में एक दूसरे से मिल जाने की शक्ति को शुक्र कहते हैं। शुक्र को फारसी में जुहरा, और अंग्रेजी में वीनस कहते हैं। इसका वार शुक्रवार है और इसका

रंग सफेद है।

बुध व केतु इसके मित्र हैं। सूर्य, राहु व चन्द्र शत्रु हैं। इसका काल पचास दिन,

पच्चीस वर्ष, आयु पिच्चासी वर्ष होती है। किसी भी ग्रह के साथ मिलने पर इसकी आयु 25 वर्ष होगी। यह स्त्री स्वभाव का ग्रह है।

## शुक्र - पहला भाव

## शुभ स्थिति-

- शुक्र पहले भाव में शुभ हो तो उसका अति उत्तम फल प्राप्त होगा। जातक को समस्त सुरों की प्राप्ति होग।
- शुक्र पहले भाव में शुभ हो व शनि भी शुभ हो जाताक का विवाह पढ़ाई करते हुए ही हो जाएगा। उसे उत्तम स्त्री प्राप्त हागकी जो उसका घर संवार देगी।
- जातक का वाहन सुख प्राप्त होगा तथा उच्च पद पर जातक आसीन होगा। जातक पुत्र एवं पौत्र का सुख प्रापत करेगा।
- शुक्र के पहले भाव में शुभ होने पर जातक दूसरों का पालन करता है, अपने लिए वह धन अर्जित नहीं करता।
- जातक भग्यशाली होगा, उसके बच्चों का भाग्य हमेशा उज्जवल रहेगा। स्वास्थ्य ठीक रहेगा। सूर्य अशुभ न होगा।

## अशुभ स्थिति-

- पहले भाव में शुक्र के अशुभ होने पर जातक गिरे हुए चरित्र का एवं अपने सम्बन्धियों

  को दुःख देने वाला होगा।
- शुक्र पहले भाव में अशुभ हो तो जातक का संतान का सुख कुछ समय तक ही मिलेगा।
- शुक्र पहले भाव में अशुभ हो तो जातक अपनी बर्बादी के साथ दूसरों को भी बर्बाद करता है।

## उपाय -

- काली गाय की सेवा करें तो लाभ होगा
- चरित्र उज्ज्वल रखे।
- बड़ा की आज्ञा मानने से कष्ट दूर रहेंगे।

  अपने पर संयम रखें और अनैतिक कार्यों में लिप्त न रहें, अपना चरित्र उज्ज्वल रखें।

## टोटके -

- अपने भोजन का कुछ अंश गाय, कुत्तों और चिड़यों को खिला दें।
- मीठा कभी रात में न खायें।
- दूध या दही से सिर धोयें।

## लाल किताब के लेखक का मत

- शुक्र प्रभाव होने से एक तरफा चाल स्वामी होगा यानि जिस पर मेहरबान हुआ उस पर अपनी जान या न्यौछावर कर दी, और जिसके विरूद्ध हुआ उसकी मिट्टी खराब कर दी।
- ऐसे व्यक्तियों स्त्रियों की दीवाना होता है। वह दो-दो स्त्रियों से बच्चे बनाने वाला होता है।
- ऐसे व्यक्ति का भाग्य भी उज्ज्वल होता है।
- दिन प्रतिदिन जवानी ढलती जायेगी। शक्ति का ह्मास होता जाएगा, बीमारी चारपाई पर लेटने के लिए मजबूर कर देगी।

## शुक्र - दूसरा भाव
## शुभ स्थिति-

- शुक्र दसूरे भाव में शुभ हो तो व्यक्ति के लिए आजीविका के साधनों में वृद्धि होगी जिससे व्यक्ति अपने परिवार व धन की वृद्धि करेगा
- व्यक्ति के शत्रु उससे पराजित होंगे।
- व्यक्ति को अपना चरित्र उज्ज्वल रखने में शुक्र हमेशा शुभ होगा।
- जातक सभी से प्रेम करने वाला, सबसे मृदु बोलने वाला होगा।
- जातक प्रेम करेगा औरउसमें सफल भी होगा।
- सम्पूर्ण जीवन धन प्राप्त होता रहेगा।

## अशुभ स्थिति-

- यदि शुक्र दसूरे भाव में अशुभ हो तो जातक को पुत्र की प्राप्ति नहीं होगी उसकी स्त्री

  बांझ होगी।

- शुक्र यदि अशुभ हो तो जातक निर्धन हो जाएगा तथा पुरूष अयाश होगा।
- जातक के विवाह में अड़चनें आएंगी। जातक का चाल-चलन खराब हो जायेगा।
- जातक निकम्मा, आलसी और लालची होगा। व कभी परि-श्रम से पैसा नहीं कमाएगा।
- जातक की स्त्री कन्याओं के उत्पन्न करने वाली होगी।

## उपाय-

- गाय का पीला घी मन्दिर में दान करने से शुक्र का अशुभ प्रभाव कम होगा।
- अपना चरित्र हमेशा सही रखें और दूसरी स्त्रियों को दूषित निगाहों से न देरें।
- घर में दूध देने वाला पशु पालें।

## टोटके -

- गाय को हल्दी से पीले किए आलू खिलांए।
- गाय के घी से नित्य मन्दिर में दीपक जलाएं।
- मंगल की वस्तुंए दान करने से लाभ होगा। ये वस्तुएंदवाई के रूप में प्रयोग करें तो सन्तान प्राप्त होगी।

लाल किताब के लेखक का मत

- ऐसे व्यक्ति की पत्नी को बच्चे नहीं और वह गृहणी के कार्यों में दक्ष होगी।
- ऐसे व्यक्ति आशिक मिजाज होगा। कामदेव की शक्ति का स्वामी होगा।
- उसमे मनुष्य तथा भगवान को मानने की क्षमता होगी।

शुक्र - तीसरा भाव

**शुभ स्थिति-**

- शुक्र के तीसरे भाव में शुभ होने पर जातक अनेक स्त्रियों के सम्पर्क में रहेगा। स्त्रियों के साथ उसके सम्बन्ध होन के कारण उसकी स्त्री उसे तिरस्कृत करेगी। -शुक्र के तीसरे भाव में शुभ होने पर जातक को माता-पिता का सुख मिलेगा, तथा वह दीर्घायु होगा। जातक अपने गुणों और रूप के कारण सबके आकर्षण का केन्द्र होगा। सभी लोग उससे स्नेह करेंग।
- शुक्र तीसरे भाव में शुभ हो तो जातक की स्त्री उत्तम गुणों वाली रूपवान होगी। वह अपने गुणों से सबके मन को जीत लेगी। वह उत्तम चरित्र वाली होगी। वह पति का सम्मान करने वाली होगी।
- जातक शुक्र के शुभ होने पर तीर्थयात्र पर जाएगा। ईश्वर को मानने वाला होगा।

## अशुभा स्थिति-

- शुक्र तीसरे भाव में शुभ्ज हो तो जातक धनवान होने के बाद भी निर्धन हो जायेगा, उसका समस्त धन नष्ट हो जायेगा। उसे सुख का एक दिन प्राप्त नहीं हो सकता। वह धनन अर्जित नहां कर पाएगा।
- शुक्र तीसरे भाव में अशुभ हो तो जातक सुख और चैन से भोजन भी नहीं कर सकेगा।

  उसकी रातों की नींद भी गायब हो जायेगी।
- शुक्र की अशुभता के कारण जातक अस्वस्थ रहेगा जिस कारण उसका शरीर क्षीण पड़ जायेगा अर्थात् उसकी शारीरिक क्षमता खत्म हा जाएगी।
- यदि शुक्र अशुभ हो तो जातक को अपनी ही स्त्री के कारण अथवा अपने किसी सम्बन्धी के कारण कष्ठ उठाने पड़ेगे।

## उपाय -

- माता, बहन व स्त्री का सम्मान करें, उनका अपमान कदापि न करें। किसी भी पराई स्त्री को दूषित निगाहों से न देखें।
- अपनी पत्नी के अलावा किसी गौर स्त्री से सम्बन्धा बनाने की स्थिति और भी खराब हो जायेगी। चरित्र का पतन न होने दें।

## टोटके -

तुलसी के पौधे को जल देकर प्रतिदिन उसकी प्रिरिक्रमा पाँच बार करें।

- गाय को माता के सदृश मानकर पूजे। उसे अपने भोजन से कुछ अंश अवश्य दें।

- ब्राह्मण को पूणमासी से एक दिन पहले भोजन कराएं।

लाल किताब के लेखक का मत

- ऐसे व्यक्ति की पत्नी उसकी सहायता उसके भाई के सदृश करेगी। जिसमें सिर पर पगड़ी बाँधकर सहायता करने की पूरी हिम्मत होगी। ऐसी स्त्री मर्दाना खून के कारण खूँखार मगर अपने पिता के सामनु बुजदिल हो जाती हैं।

- धनवान होने के बावजूद परिश्रम के बिना भोजन न मिलेगा।

- ऐसे व्यक्ति का धन उसके भाई-बह नही लूटते हैं।

- तीर्थयात्रा का शुभ फल मिलेगा।

## शुक्र - चौथा भाव

## शुभ स्थिति-

- शुक्र चौथे भाव में शुभ हो तो जातक एक से अधिक जातक स्त्री रखने वाला होता है।

  पहली स्त्री से जातक को संतान प्राप्त न होकर दूसरी स्त्री से मनोरथ पूर्ण होंगे।

- जातक की दूसरी स्त्री गुण्वान होगी। उसकी प्रशंसा हर व्यक्ति करेगा।

- जातक का जीवन अत्यन्त सुख में बीतेगा, उसके दो पुत्र होंगे और दोनों ही दूसरी पत्नी

से होंगे।

- जातक की पहली पत्ने अल्पायु व दूसरी पत्नी दीर्घायु होगी।

## अशुभ स्थिति-

- शुक्र यदि चौथे भाव में अशुभ हो तो जातक गृह कलह के कारण हर समय परेशान एवं

  दुखी रहेगा। उसकी स्त्री झगडालू प्रवृत्ति की होगी।
- जातक की स्त्रे मनहूस होगी तथा उससे लड़कियां ही उत्पन्न होगी।
- शुक्र चौथे भाव में अशुभ हो तो शनि का भी अशुभ फल प्राप्त होगा। पर स्त्री से सम्बन्धा होने के कारण उसे अपयश प्राप्त होगा।
- जातक को सन्तान का सुख न मिलेगा। जातक निर्धन एवं धार्मिक रूप से अत्यन्त कमजोर होगा।
- शुक्र चौथे भाव में अशुभ हो तो जातक को शराब की बुरी लत लग जायेगी। तथा वह परिश्रम से जी चुराएगा।

## उपाय -

- अपने अवगुणों का प्रदर्शन न करें दूसरों के सामने सिर्फ अपने गुणों को प्रकट करें।
- नशीला व उत्तेजक वस्तुओं का सेवन हानिकारिक होगा। अत: इनसे बचें।
- गुरू का उपाय करना शुभ होगा।
- घर में कआ हो तो उसे भर दें।

- जुआ और सट्टा कदापि न खोलें।

## टोटके -

- गेहू की बलियों से गूहँ निकालकर अंधेरे कमरे के कोने में गाड़ दें।
- चन्द्र से सम्बन्धित वस्तुएं एकत्रित करे उसे सफेद कपड़े में रखकर पानी में बहा दें।

## लाल किताब के लेखक का मत

- पुरूष की कुण्डली में शुक्र हो तो स्त्री व स्त्री की कुण्डली में शुक्र हो तो उसका पति ही सहायता की प्रतीक है।
- एक ही समय में दो स्त्रियों के साथ रहेगा, परन्तु सन्तान एक से भी नहीं होगी।
- यह भाव पति-पत्नी के शारीरिक सम्बन्धों व सन्तान का होता हैं।

## शुक्र - पाँचवां भाव

## शुभ स्थिति-

- पाँचवे भाव में शुक्र के शुभ होने पर व्यक्ति देशभक्त और मातृभमि से प्रेम करने वाला होगा।
- शुक्र शुभ होने पर व्यक्ति विस्तृत परिवार लाला चिन्तशील होगा। अपने परिवार व बन्धुओं से स्नेह रखने वाला चारि-त्रिक गुणों से पूर्ण होगा।
- शुक्र पाँचवे भाव में शुभ हो तो व्यक्ति अपने जीवन में सुख- समृद्धि तथा उन्नति प्राप्त करने वाला होता है।

- व्यक्ति की पत्नि उसके हृदय की स्वामिनी, कुल को ताराने वाली होगी।

**अशुभ स्थिति-**

- शुक्र पाँचवे भाव में अशुभ हो तो जाक अपने आवारापन के कारण अपनी जिन्दगी बर्बाद करेगा। वह दीवाना होगा, युवावस्था में उसे यथार्थ न दिखाई देगा। वह सपनों मे उड़ता रहेगा।
- जातक ऊपर सेक_द औश्र व अन्दर से काले हृदय वाला होगा।
- शुक्र पाँचवें भाव में अशुभ हो और शनि भी साथ हो तो जातक अपनी अयाशी और ऐब के कारण अपनी संतान को भी कष्ट देता है।

**उपाय-**

- अपने चरित्र को न गिरनेदें, हृदय में कलुषित भावनाएं न रखें। पराई स्त्रियों को स्वच्छ निगाहों से देखें।
- चन्द्र की वस्तुएं दान करने से लाभ होगा।
- माता, बहन व सफेद गाय की सेवा करने से निर्धनता दूर होगा और उन्नति होगी। संतान व माता के कष्ट दूर हो जाएंगे। जातक सर्वप्रकार से सुखी होगा।

**टोटके -**

- दूध व चाँदी बहते पानी में डालें तो उत्तम लाभ प्राप्त होगा।
- शैयया पर न सोएं।

- शहद में केसर मिलाकर नवजात शिशु का चढ़ांए।

## लल किताब के लेखक का मत

- देशभक्त यदि साधु हुआ तो भव सागर से पार और अगर आशिक हो तो भाग्यहीन होगा।
- चरित्र से धनवत्त का भेद खुल जाएगा मगर पत्नि और सन्तान पर फिर भी अशुभ प्रभाव न होगा।
- ऐसे व्यति का परिश्रम ही जीवन में रंग लाएगा।
- माता पिता की मर्जी के खिलाफ किसी सुन्दर लड़की से शादी करेगा, तो ऐसे व्यक्ति की सन्तान उसे बाप न कहेगी या बाप न मानेगी या बाप को बाप मानकर काम न करेगी।

## शक्र - छठा भाव

## शुभ स्थिति-

- शुक्र छठे भाव में शुभ हो तो व्यक्ति उत्तम जीवन व्यतीत करेगा। उसको किसी प्रकार

  का कष्ट न होगा। उसके परिवार में सुख ही सुख होगा। उसके पुत्र आज्ञाकारी होंगे।
- शुक्र छठे भाव में शुभ होने पर व्यक्ति का परिवार उन्नति करेगा।

  अशुभ स्थिति-
- शुक्र यदि छठे भाव में अशुभ हो तो जातक को प्रत्येक ग्रह अशुभ फल देने वाला होगा।

  उसके शत्रु उस पर हावी रहेंगे।

- शुक्र के अशुभ होने पर जातक की स्त्री मर जागी अथ्ज़वा अल्पायु होगी।
- जातक को संतान का सुख न मिलेगा। यदि संतान हो तो नालायक होगी।
- शुक्र अशुभ हो तो जातक निर्धन हो जाए, यहां तक कि उसे भोजन भी नसीब न होगा।
- शुक्र छहे भाव में हो तो जातक को पुत्र की प्राप्ति न होगी। उसके लड़कियां होगी।

  जातक मूर्खता के कारण अपनी कुल सम्पत्ति नष्ट कर देगा।
- शुक्र के अशुभ होने पर जातक के ऐगक के कारण विवाह देर से होगा

## उपाय-

- अपना चरित्र सही रखें। कभी अनैतिक कार्य न करें।
- स्त्री के पैर जमीन पर न छूने पाएं। धूल -मिट्टी से दूर रहें।
- सिर में स्त्री सोने के आभूषण ग्रहण करे तो लाभ होगा
- ससुराल से सोने का सिक्का विवाह में लेने से शुक्र का शुभ फल प्राप्त होगा
- लोहे अथवा चमड़े की वस्तुएं न खरीदें।

## टोटके -

- चाँदनी रात में लोहे के पात्र में तेल भरकर रखें, फिर उसमें अपना चेहरा देखकर उसे पीपल की जड़ मे डालदे।

- नारियल को लाल कपड़े में लपेटकर पानी में बहाएं।
- चाँदी की पाँच गोलियाँ अपने बिस्तर के नचे भूमि में दबाएं।
- कृष्ण पक्ष की अमावस्या को शनि से सम्बन्धित वस्तुओं का दान दें।

लाल किताब के लेखक का मत

- ऐसे व्यक्ति के घर के कार्यो में अशुभता होगी।
- अच्छी सेहत, मुदुभाषी और आँखों की रोशनी साफ होगी।
- स्त्री सुख से वचित रहेगा।
- अन्तिम आयु में सुख मिलेगा, जिसके लिए चन्द्र का उपाय सहायतार्थ होगा
- शुक्र हानि पहुँचाने की कोशिश कर सकते हैं।

## शुक्र - सातवां भाव

## शुभ स्थिति-

- शुक्र सातवें भाव में शुभ होने पर व्यक्ति सुखी और मृदुभाषी होगा। वह सबसे स्नेह रखने

  वाला दीर्घायु और सम्पूर्ण विद्याओ का ज्ञाता होता है।
- व्यक्ति माता-पिता से स्नेह करने वाला,पारिवारिक जीवन में सुखी और धनवान होगा।
- जातक के लिए बुध से सम्बन्धित कार्य शुभ होंगे। जातक का भाग्य विवाह के बाद उदय

  होगा तथा उसकी स्त्री सुन्दर न होगी परन्तु उसमें अन्रू सभी प्रकर के सुख होंगे। वह स्वभाव से मृदुभाषी होगी, उसे

किसी के झगड़े व लेन-देन से कोई मतलब न होगा। कुल मिलाकार जातक का गृहस्थ जीवन सुख से बीतेगा।

- शुक्र सातवें भाव में शुभ हो तो जातक किसी की ओर अंगुली नहीं उठाता। वह सब कुछ सहन कर लेता है। वह सभी प्रकार की विषय वासनाआ से अलग होता है।

**अशुभ स्थिति-**

- सातवें भाव में शुक्र अशुभ हो तो जातक भाग्यहीन होता है तथा चन्द्र का भी अशुभ फल मिलेगा। त्वचा में विकार हो जाएगा।
- अपनी अयाशियों व ऐबों के कारण जातक अपनी कूल सम्पत्ति नष्ट कर देगा।
- सातवें भाव में शुक्र अशुभ हो तो जातक को व्यापार में घटा होगा, साथ ही उसके परिवापर व संतान को कष्ट होगा। सभी ओर से अहित होगा।
- जातक का धन चोरी होगा अथवा दुर्घटना का शिकार हो जाएगा। उसकी कूल संपत्ति नष्ट होने के कगार पर आ जाएगी।

**उपाय -**

- लक्ष्मी की उपासना करने से लाभ मिलगा। लक्ष्मी की असमी कृपा होगा।
- कसी के लिए मन में कलुषित भावना न लाएं।
- गाय की सेवा करें। माता-पिता कीर सेवा करें, उनका सम्मान करें और उनसे आशीर्वाद लें।

- स्त्री का सम्मान करें, उसका अनादर न करें।

## टोटके -

अपने भोजन से प्रतिदिन एक टुकड़ा गाय को, एक टुकडा कुत्ते व कौए के लिए निकालें।

- घर की दलहीज को गाय के गोबर से लीपे।
- गाय को नहलाकर चन्दर का तिलक उसके मस्त्क पर लगाएं।
- शहद के कच्चे दूध की कुछ बूंदें डालकर पूर्णिमा की रात्रि को किसी स्वच्छ जल वाली नदी में प्रवाहित करें। यद् नदी न हो तो कूंए में भी डाल सकते हैं।

## लाल किताब के लेखक का मत

- ऐसे व्यक्ति को अपनी आयु की कोई चिन्ता नहीं रहती।
- जीवन पर पति -पत्नि का जोड़ा सुखी रहेगा।
- धन- दौलत में वृद्धि तथा शुक्र का फल शुभ होगा।
- शुक्र से सम्बन्धित कारोबार हमेशा शुभ फलदायक होगा।
- खुदगर्जी बरबादी की बुनियाद होगी।

## शुक्र - आठवां भाव

## शुभ स्थिति

- यदि शुक्र आठवें भाव में शुभ होतो जातक का विवाह कम उम्र में हो जाए। उसकी स्त्री झगड़ालू व उस पर रौब चलाने वाली होगी।

- जातक पत्नी के स्वभाव के कारण परेशान व उसे दबकर रहने वाला होगा। स्त्री जातक से लड़-झगड़ कर प्रत्येक अच्छा व बुरा कार्य कराए।

- अपनी स्त्री के विपरीत जातक मृदु स्वभाव वाला स्नेह करने वाला होता है।

**अशुभ स्थिति –**

शुक्र आठवें भाव में अशुभ हो तो जातक आवारा व अयाश प्रवृ-त्ति का हो। उसके घर में हर पल क्लेश रहता हो।

- बुजुर्ग अथ्लवामाता अल्पायु होगी।
- जातक अपशब्द बोलने वाला, गलत लोगों की संगति में हने वाला, अपने ऐबों के कारण ऋणग्रसत और शराबी होगा।
- शुक्र के अशुभ होने के साथ यदि मंगल भी अशुभ्ज्ञ हो तो जातक कामुक तथा स्त्रियों को गलत नजरों से देखने वाला होगा।

**उपाय -**

- भगवान में पूर्ण आस्था रखें - प्रतिदिन पूजा - अर्चना करें, लाभ होगा।

- किसी को धोखा न दें।

- पच्चीस वर्ष से पूर्व विवाह करना अशुभ होगा।

- मन्दिर में प्रतिदिन देवदर्शनों के लिए जायें तो शत्रु कमजोर होंगे।

- चरित्र उज्ज्वल रखें तथा चरित्रहीन व्यक्तियों से बचें।
- पत्नी के पति वफादार रहे। अन्यथा रोगी होंगे।

## टोटके -

- ताबे का सिक्का पानी में बहाएं। काली गाय की सेवा करें। ज्वार बाजरे का दान करें।
- चाँदी की अंगूठी अनामिका अंगुली धारण करना विशेष लाभकारी सिद्ध होगा।
- स्नान करते समय पक्की जगह पर बैंठें, मिट्टी मं बैठकर स्नान न करें।
- आधा किलो उड़द दूध में भिगोकर रखें, सुबह सवेरे ही उड़दों को पानी में बहा दें।
- दूध में केसर मिलाकर सर्प को पिलाएं।

## लाल किताब के लेखक का मत

- 25 वर्ष की आयु तक विवाह करना अशुभ होगा। विवाह के बाद व्यक्ति शारीरिक रूप से सुखी, मगर पत्नी की ओर से परशान रहेगा।
- किसी हित में काम करना शुभ फलदायक न होगा।
- किसी गन्दी स्त्री से शारीरिक सम्बन्ध के कारण व्यक्ति को कई प्रकार की बीमारियां हो सकती हैं जैसे- सुजाक, आतशक, आदि।

## शुक्र - नौवां भाव

### शुभ स्थिति-

- नौवें भाव में शुभ स्थिति हो तो जातक तीर्थयात्राएं करने वाला भाग्यशाली होता है।
- उसके भाग्य में धन अधिक नहीं होता परन्तु उसे सभी भौतिक सुख -सुविधाएं प्राप्त होती

  हैं। उसकी गृहस्थी सुख से चलेगी। पत्नी मृदुभाषिणी होगी। जातक बुद्धिमान व भाग्यवान होगा।

### अशुभ स्थिति-

- शुक्र अशुभ होने पर जातक को परिवार से दूर जाना पड़े।
- जातक भाग्यहीन तथा निकम्मा, परिश्रम से जी चुराने वाला और किशोरावस्था से ही मदिरपान करने वाला होगा।
- जातक धनवान होते हुए भी निर्धन हो, उसे धन का अल्प सुख मिले।
- जातक रोगी हो। माता-पिता का सुख जातक को न मिले।

  उपाय -

- काली अथवा भूरी गाय की सेवा करें। उसे प्रतिदिन स्नान कराकर चारा खिलाएं।
- घर में शुक्र की वस्तुएं स्थापित करें।
- महाकाली की उपासना से सुख प्राप्त होगा।

### टोटके -

- चावल, चाँदी व चीनी से लेकर पानी से भरे कए में डालने से चन्द्र का शुभ फल मिलेगा।

- नीम के वृक्ष क नीचे चाँदी दबाएं या न्दिर में दान करें तो आर्थिक स्थिति सही होगी।
- पीले फूल वाले पौधे घर में न लगाएं।
- घर में अंधेरा कमरा हो तो वह शुभ होगा।

लाल किताब के लेखक का मत

- स्वयं शुक्र अपनी बीमारी के द्वारा धनहानि, ऐशो- आराम के सामान या धन की कमी न हागी।
- भाईयों की सहायता से परहेज न होगा।
- ज्योतिष विद्या का ज्ञाता होगा।
- तीर्थयात्रा करेगा तो अपना जीवन सुधारेगा और पुरी की सम्पत्ति को बढ़ता पाएगा।

## शुक्र - दसवां भाव

## शुभ स्थिति-

- शुक्र दसवें भाव में शुभ हो तो जातक गुणी तथा कलाकार होगा। उसे स्त्री से अत्यन्त लगाव होगा। धर्म व ईश्वर के प्रति पत्नी सहित स्वयं आस्थवान होगा।
- शुक्र दसवें भाव में शुभ हो तो जातक सुखी व सम्पन्न होगा। उसे वाहनादि व सभी भौतिक सुख व सुविधाएं प्राप्त होंगी।
- जातक सम्पूर्ण जीवन वृद्धावस्था तक सुख से व्यतीत करेगा। उसकी पत्नी उसे स्नेह व

सन्तुष्टी देने वाली होगी। जातक सुखी होगा।

## अशुभ स्थिति-

- यदि शुक्र दसवें भाव में अशुभ हो तो जातक का स्त्री काम से अधिक पीड़ित होगी तथा संतान सुख देर से प्राप्त होगका।
- जातक दूसरी स्त्रियों पर आसक्त रहने वाला होगा जिस कारण उसका परिवार व उसकी स्त्री दुखी रहे। जातक का समय अशुभ बीतेगा। उसकी स्त्री रोगणी होगी। जातक का जीवन कांटों से भरा हागा। उसमें नाम मात्र का सुख न होगा।

## उपाय-

- शनि का उपाय करने से लाभ होगा।
- पराई स्त्रियों को वासनात्मक दृष्टि से न देंखें, अपना चरित्र कलंकित न होने दें। अन्यथा पतन की राह पर चलेंगे।
- स्वयं पर संयम रखें।
- घर का आंगन कच्चा रखें।

## टोटके -

- बेसन का लड्डू बनाकर गाय को खिलाएं।
- तेल का दान करें।

लाल किताब के लेखक का मत

- पराई स्त्री से सम्बन्ध का बहुत अवसर मिलेगा। स्त्री को दृष्टि के सामने रखता और उसके

सपने देखेगा। चन्द्र और मंगल संग होंगे तो उनका साथ अच्छा ना होगा।

- बाग -बगीचे अच्छे होंगे।
- स्त्री की सहेत अच्छी, स्त्री-पुरूष दो धर्म मूरत होंगे, परिवार व धन -दौलत अच्छे होंगे, बुढ़ापे में सुख मिलेगा।
- ऐसा व्यक्ति इश्क की तरफ से कामयाब होगा।

## शुक्र - ग्यारहवां भाव

### शुभ स्थिति-

- शुक्र ग्यारहवें भाव में शुभ हो तो जातक धनी कामदेव सदृश सुन्दर सबका प्रिय होगा।
- जातक सुखी व धन संपत्ति का स्वामी होगा। वह रहस्यमयी होगा, अर्थात उसके हृदय की बात स्वयं उसकी स्त्री भी ना जान पाएगी।
- जातक के लिए पुत्रियां धन व लक्ष्मी के सदृश होंगी।
- पुत्री के जन्म होने पर भाग्योदय होगा। जातक को सुख प्राप्त होगा।
- जातक का विवाह कम उम्र में हो जाएगा।

### अशुभ स्थिति-

- ग्यारहवें भाव में शुक्र के अशुभ होने पर जातक चतुर होगा। वह मन का काला होगा।

  दूसरों से अपने समस्त भेद छुपाने वाला, देखने में सीधा-सादा व भोला होगा। दुर्घटना में मृत्यु हो जाए।

- ग्यारहवें भाव में शुक्र अशुभ हो तो जातक के पुत्र न होगा। उसके यहां पत्रियां जन्म लेंगी तथा जातक का सम्पूर्ण दान नष्ट हो जाएगा तथा परिवार घट जाएगा।
- जातक की स्त्री उसे बर्बाद करने वाली रहेगी। वह अपव्ययी होगी।

**उपाय-**

- बुध का उपाय करने से कष्ट दूर होंगे।
- स्त्री को घर की चाबियां अथवा धन न सौंपे।
- शनि व चन्द्र की वस्तुंए दवाई के रूप में सेवन करने से प्रत्येक रोग से छुटकारा मिलेगा।
- बुध का उपाय करें।
- पक्षियों को दाना खिलाएं।
- सरसों का तेल दान करें।

## टोटके -

- मन्दिर में दूध अथवा दही दान करें।
- प्रत्येक कार्य करने से पहले अपने पैर अवश्य धो लें।

**लाल किताब के लेखक का मत**

- गुप्त कार्य करने का आदी होगा। हरदम मन परिवर्तन वाला व्यक्ति होगा मगर धन से खाली न होगा। बारह वर्ष तक तो खूब धन -दौलत आएगी। शादी को कोई पैमाना न होगा।
- सम्भवत: मृत्यु सिर काटने से होगी।

- पत्नी घर की खजांची कभी अशुभ न होगी। लड़कियां घर की धन-दौलत बरबाद कर देंगी।

## शुक्र बारहवां भाव

## शुभ स्थिति-

- बारहव भाव में शुक्र के शुभ होने पर जातक का भाग्य विवाह के समय उदय होगा।
- जातक राजसी सुख प्राप्त करने वाला होगा तथा उसकी स्त्री उच्चकुल की होगी। वह जातक के कारण दुखी रहेगी।
- जातक की स्त्री उसके अशुभ समय में सहायता देगी और अपने स्नेह से जातक का कष्ट कम कर देगी।
- जातक व उसकी स्त्री दीर्घायु होगी तथा दोनों सर्वप्रकार से सुखी होंगे। जाक को उसकी जरूरत के मुताबिक धन प्राप्त होता रहेगा।

## अशुभ स्थिति-

- जातक को शुक्र का अशुभ फल प्राप्त होगा।
- स्त्री को कष्ट होंगे, उसके स्वास्थ्य को हर समय रोग घेरे रहेंगे। उसे काई भी सुख न मिलेगा।
- जातक को अशुभ शुक्र के कारण कभी गृहस्थ्की का सुख प्राप्त न होगा।

## उपाय-

- स्त्री का अपमान कदापि न करेकं, उसे स्नेह दें। उसको तिरस्कृत करने से अशुभ फल प्राप्त होगा।

- कपिला गाय का दान करें।
- राह की वस्तुएं प्रयोग में न लाएं।

## टोटके -

- गन्दे नाले में नीले रंग का फूल चालीस दिन तक बहाएं, लाभ होगा।
- मस्तक पर प्रतिदिन चन्दन का टीका लगाएं।
- पीपल के वृक्ष के नीचे घी का दीपक जलाएं।

लाल किताब के लेखक का मत

- रात का आराम तथा धन का सुख प्राप्त होगा।
- कवि, शायर आदि भंडारों का स्वामी होगा। आयु लम्बी, लगभग 96 साल होगी।
- वृद्धावस्था में ऐसा व्यक्ति उपदेशक का कार्य करेगा।
- हर परेशानी के समय पहले पत्नी उस परेशानी का सामना करेगी और पति को किसी प्रकार का दुःख न होने देगी।

# शनि

## सामान्य परिचय -

शनि नपुंसक ग्रह है और इसका कारक भाव आठवां और दसवां है। इसे फारसी में

जुहल और अंग्रेजी में 5४7णाराप कहते हैं। इसका वार शनिवार और रंग काला है, बुध, शुक्र व राहु इसके मित्र व सूर्य, चंद्र, मंगल शत्रु, और केतु व गुरू सम हैं। शनि का काल 72

दिन, छत्तीस वर्ष, आयु 90 वर्ष, महादशा वर्ष उन्नीस सामान्य चक्र छः हैं।

## शनि- प्रथम भाव

## शुभ स्थिति-

- जातक दयालु होगा।

  शनि-शुक्र लग्नों एक साथ हों तो आजीविका और धन-सम्पत्ति पर प्रभाव डालता है।

- मंगल 6 या 72 वें में हो तो धन सम्पत्ति अधिक हो।

## अशुभ स्थिति-

- शरीर पर बाल अधिक हों।
- निर्धनता रहे।
- मंगल चौथे हो तो पैतृक सम्पत्ति नष्ट हो जाए।
- बुध अशुभ हो तो शिक्षा अधूरी रहे।

## उपाय -

मांस मदिरा का सेवन न करें।

- धन के लिए बन्दर पालें या उसकी सेवा करें
- तवा, चिमटा व अंगीठी दान में दें।
- किसी से ईर्ष्या न करें।
- किसी भी अधार न लें।

## टोटके -

- बरगद के वृक्ष की जड़ में दूध चढाकर गीली मिट्टी का तिलक लगाएंगे तो विद्या में बाधा व रोग के दुःख से छुटकारा मिलेगा।
- वीरान जंगल पर भूमि के नीचे सुरमा दबाएं।
- तवा, चिटा व अंगीठी दान में दें।

लाल किताब के लेखक का मत

- शुभ हालत में शनिवार के सम्बन्ध से सम्मान का फल उत्तम होगा।
- कुण्डली के पहले भाव में बैठा शनि अन्न व धन पर भारी प्रभाव वाला होता है।
- शनि जब अशुभ हो तो विद्या, धन तथा स्त्री की हालत भी अच्छी न होगी।
- स्वयं की आयु लम्बी होगी, सम्बन्धियों का कुप्रभाव होगा, पिता की हालत सोचनीय होगी और इस हालत में भाग्य मुँह चिढ़ाएगा।

## शनि - दूसरा भाव

## शुभ स्थिति-

- शनि दूसरे भाव में शुभ हो एवं चन्द्रमा भी शुभ हो तो व्यक्ति दीर्घायु, सुखी रहे।
- शनि दूसरे भाव में शुभ एवं चौथे गुरू हो तो व्यक्ति बु-द्धिमान, चिन्तक एवं बात की तह तक पहुँचने की सामर्थ्य वाला हो।

- शनि दूसरे व केतु आठवें हो तो बच्चों जैसा स्वभाव होगा।

  अशुभ स्थिति -शरीर पर अधिक बाल हों और निर्धन हो।

- शनि दूसरे व राहु आठवें हो तो ससुराल में पुरूषों की कमी हो। यदि शनि दूसरे व राहु 2वें हो तो ससुराल धन में कमी हो।

  शनि दूसरे व गुरू ।वें हो तो अपयशहोगा।

- शनि दूसरे व गुरू ।वें हो तो अपयश होगा

  शनि दूसरे व सूर्य ।2वं हो तो जातक जुआरी, वहमी हो।

**उपाय-**

- नंगे पांव मन्दिर जाकर प्रायश्चित करें।
- शिवलिंग पर चल चढ़ाएं।
- काली या दोरंगी भैंस न पालें।
- मस्तक पर कभी भी तेल न लगाएं।
- अपनी गलतियें का पश्चताप करें और किसी का दिल भूलकर भी न दुखाएं सबसे स्नेह करें।

**टोटके -**

- साँप को दूध पिलाएं।
- तेल का दीपक शाम को प्रत्येक शनिवार और इतवार को अवश्य जलाएं, शनि की अशुभता दूर होगी।
- मस्तक पर कच्चे दूध से तिलक लगाएं।

लाल किताब के लेखक का मत -माता का सुख और लम्बी आयु वाला होगा

- शनि का व्यक्तिगत, भला या बुरा प्रभाव केवल शनि की वस्तुओं पर पड़ेगा।
- जीवन भर नम्बरदारी और खुदमुख्तारी या खुद काम करने के दिन से कारोबार करते रहने के समय तक हालात अच्छे रहेंगे।
- 25से 40 वर्ष की आयु तक बीमारी का सामना करना पड़ेगा।

## शनि- तीसरा भाव

### शुभ स्थिति-

-दी र्घायु शनि की वस्तुएं व सम्बन्धियों का उत्तम फल हो, भवन बनेगा व धनी भी होंगे।

- व्यक्ति नेत्ररोग विशेषज्ञ होगा।
- शनि के साथ मंगल भी शुभ हो तो व्यक्ति को दूसरों की सहायता मिलेगी। जब वह उनका कार्य बिगाड़ेगा और स्वयं आरम भी पाएगा।
- केतु ॥0वें हो तो धन- सम्पत्ति में वृद्धि होगी।

### अशुभ स्थिति-

### नेत्ररोग या दृष्टि कमजोर हो।

शनि तीसरे व चन्द्र 0 वें हो तो चोरी, डकैती डालने पर भी धनहीन रहे।

तैसरे भाव स्थित शनि के शुत्र ग्रह साथी हों तो धनहानि से परशान रहें।

- शनि तीसरे व केतु 0वें हो तो सन्तान को कष्ट हो।

**उपाय-**

- कुत्ते की सेवा करें। घर में कुत्ता अवश्य पालें, नहीं तो शनि व केतु का अशुभ फल मिलेगा।
- केतु का उपाय करेन पर धन -सम्पत्ति के लिए बनाएं।
- मांस या शराब का सेवन न करें।

**टोटके -**

- कीकर के वृक्ष की जड़ में तेल का दीपक जलाएं। ऐसा करने से शनि की बाधा शान्त होती है।
- घर की दहलीज में लोहे की कील गाड़ें।
- यदि धन की तिजोरी अन्धेरी कोठरी में रखें तो धन वृद्धि होगी।
- शनिवार के दिन ब्राह्मण को तेल से पका भोजन कराने से शनि की कृपादृष्टि प्राप्त होगी।

**लाल किताब के लेखक का मत**

कुत्ता पालना हर तरह से लाभ करेगा। अगर कुत्ता न रखें और कोई कुत्ता काट ले तो शनि जरूर बरबाद करेगा।

- किसी अन्य व्यक्ति की सहायता लेनी होगी।

- बेहुनर और आयाश होगा। ऐसा अपने भाई दि के कारण होगा।
- माली हालत में बहुत कमजोर होगा। केतु का उपाय सहायता करेगा।
- शनि से सम्बन्धित कारोबार व रिश्तेदार उत्तम होंगे।
- ऐसे व्यक्ति के घर चोरी हो सकती है।
- यदि ऐसा व्यक्ति शराबी - कबाबी न हो तो उसकी आयु में वृद्धि होती रहेगी।

## शनि-चौथा भाव

### शुभ स्थिति-

- शनि चाथे शुभ हो तो चन्द्र दूसरे, तीरे हो तो जीवन उत्तम एवं माता-पिता का सुख हो।
- वव्यक्ति माता-पिता, स्त्री व निकटस्थों से प्रेम करने वाला, शनि का शुभफल मिले, शनि के कार्य व सम्बन्धी सहायक होंगे। व्यक्ति चिकित्सक होगा या परिवापर में चिकित्सा सम्बन्धी कार्य होंगे।

### अशुभ स्थिति-

- सीने पर बाल नहीं हो तो जातक विश्वसनीय न हो। भवन बनाने पर माता व मामा को कष्ट हो। शनि निज आयु तक अशुभ फल करे। परस्त्री से अनाधिकृत सम्बन्ध बनाने पर शनि का अशुभ फल मिले।
- शनि चौथे व गुरू तीसरे हो तो जातक धोखे व लूटपाठ द्वारा सम्पत्ति बढ़ा ले।

**उपाय -**

- काएं में दूध गिराएं।
- परस्त्री गमन से बचें
- शराब बहते पानी में बहाएं।
- रोग में शनि की वस्तुओं का प्रयोग करें।
- सांप को ना मारे। शराब न पीएं। रात्रि में भवन की नीवं न रखें।

  "रात्रि में दूध न पिएं।
- उड़द की दाल का दान करें।
- किसी भी प्राणी की हत्या न करें। प्रत्येक प्राणी को दया दृष्टि से देखें।

टोटके -

- साँप को दूध पिलाएं, कौओं को रोटी डालें। भैंस को पालें या रोटी डालें।
- जिस कांए में पानी न हो उसमें शहद मिला दूध डालें।
- लोहे की कटोरी में शहद डालकर चिड़ियों को खाने के लिए छत पर रखें।
- काले वस्त्र पहनकर बाहर न जाए।

  लाल किताब के लेखक का मत
- रात में दूध न पियें, जहर का काम करेगा
- ऐसे व्यक्ति की छाती पर बाल न हों तो वो अविश्वसनीय होगा।

- माता पिता का सुख व गृहस्थी का सुख दीर्घ समय तक तथा उत्तम होगा।

-शनि सम्बन्धी वस्तुओं को दान से स्वास्थ्य में वृद्धि होगी।

## शनि-पाँचवा भाव

### शुभ स्थिति-

- शनि पाँचवे और ग्यारहवें भाव रिक्त हों तो शनि धार्मिक देवता सद्दश होगा।
- सन्तान सुख के लिए गुरू व मंगल की वस्तुएं पैतृक भवन में स्थापित करें।
- शनि पाँचवे और सात से बारह या सूय, चन्द्र पांच नौ व दसवें, मंगल या गुरू दसवें हों तो सनन्तान पर कोई काप्र-भाव नहीं पड़ेगा, परन्तु ऐसी सनन्तान माता-पिता के लिए लाभप्रद नहीं होगी।
- गुरू नौवें और शनि पाँचवें हो तो 5, 77, 4, 28, 53, 35, 77, 89,0॥, 03वें वर्ष में

  भाग्य का शुभ फल मिलगा पर सन्तान सुख कम ही होगा।

### अशुभ स्थिति-

- शनि पाँचवें हो और वर्ष कुण्डली में जब भी सूर्य, चन्द्र या मंगल 5वं आयेंगे स्वास्थ्य ठीक नहीं रहेगा।
- जातक के तन पर बाल हों तो चोर, धोखेबाज, दुर्भाग्यशाली होगा। कलम पर काबू होने पर निर्धन होगा। रोग, मुकदमा व झगड़ों से परेशान रहेगा। धन हानि, सन्तान का कष्ट व

स्वास्थ्य खराब रहेगा। गुलामी में रहना पड़े। राहु-केतु की आयु तक शनि का शुभ प्रभाव होगा।

## उपाय -

- अपने भार के दशांशके तुल्य बादाम बहते पानी में बहाएं या धर्मस्थल में ले जाकर आधे घर लाकर रखें, उन्हें खाएं नहीं।
- सन्तान के जन्म लेने पर मीठा न बांटे या मीठा बांटे तो उसमें नमक लगा दें। -कात्ता पालें।
- शनिवार के दिन लोहे की कोई भी वस्तु न खरीदें।

## टोटके -

- पैतृक भवन के अंधे कोठरी में सूर्य (गुड़, तांबा, भूरी भैंस, बन्दर), मंगल ( सौंफ, खांड, शहद, लाल मंगे, हथियार ), चन्द्र (चावल, चाँदी, दूधा, कुआं, घोड़ा) स्थापित करें।
- अपना घर पचास वर्ष के बाद बनाएं।

## लाल किताब के लेखक का मत

- कुण्डली के पाँचवें भाव में शनि शक्तिशाली होकर बैठा हो तो केतु के प्रभाव से सत्तान का सुख कम होगा और केतु कुण्डली के उत्तम स्थान पर हो तो पुत्र के सुख को बढ़ा देता है। बुध और मंगल के मेल से शनि ही हालत मन्दी जो जाती है।
- पहला पुत्र जीवित रहे या न हरे, मगर सन्तान पर पाँचवें भाव के शनि का कुप्रभाव न होगा।

- धर्मस्थल में बादाम चढ़ाकर आधे वापस लोकर घर में रखने से शनि का अनिष्ट फल नहीं

  रहता।

- स्वयं के बनाए मकान या खरीदे हुए मकान सन्तान की भेंट लेंगे। परन्तु सन्तान के बनाए या खरीदे मकान में कभी ऐसा न होगा।

## शनि-छठा भाव

### शुभ स्थिति-

- यदि शरीर पर रोमकूपों से दो बालएक साथ निकालें तो व्यक्ति बुद्धिमान व योग्य होगा।

  शनि सम्बन्धी कार्य रात्रि में करने पर अशुभ फल न होगा। विवाह 28 वर्ष के बाद करने पर सन्तान, माता-पिता,धन सम्पत्ति और मान-सम्मान में वृद्धि होगी। बड़े पुत्र का व्यवहार अच्छा न हो पर अन्त में वही काम आए।

- शनि छठे व शुक्र बारहवें हो तो शुक्र का शुभ फल मिले व स्त्री सुखी हो।

- शनि छठे व केतु ॥0वे या शुभ हो तो लड़का उत्पन्न हो, यात्रा लाभदायक, पिता से योग्य, धन वृद्धि व दीर्घायु होगा।

### अशुभ स्थिति-

- शनि की वस्तुएं (चमड़े व लोहे की वस्तुएं) घर पर लानी अशुभता का संकेत होंगी। शनि जन्मकुण्डली में छठे हो और जिस वर्ष में वर्षकुण्डली में भी छठे भाव में आए उसमें राज्य भय, दुःख व अशुभ फल मिलंगे।

- शराब व मांस का सेवन हानिकारक होगा। 28 से पूर्व विवाह करने पर 34 से 36 वर्ष में माता व सन्तान नष्ट हो जाएगी और कष्ट बढ़ेगे।

- शनि छठे हो तो बुध, शुक्र राहु 4 या 0वे हो या बुध दूसरे या सूर्य, चन्द्र, मंगल की एक साथ युति हो तो छिपकर कार्य करनेकी आदत होगी व मौत सिर कटने से होगी।

- शनि छठ व शुक्र या चन्द्र दूसरे हो तो विद्या व धन की हानि हो। माता व स्त्री को कष्ट होगा जब राहु भी आठवें हो।

**उपाय -**

- शनि सम्बन्धी कार्य कृष्ण पक्ष में रात्रि में करें।
- बुध का उपाय करना लाभदायक सिद्ध होगा
- लोहे अथवा चमड़े की वस्तुएं न खरीदें।

**टोटके -**

- नारियल को लाल कडपड़े में लपेटकर पानी में बहा दें।

- सरसों के तेल का भरा बर्तन पानी के भीतर जमीन के नीचे दबा दें। तेल में अपना मुख अवश्य देख लें।

  लाल किताब के लेखक का मत

- शरीर पर एक ही जगह दो-दोब बाल उके हों तो व्यक्ति बुद्धिमान और हस्तकला में निपुण होगा। उस किसी कुप्रभाव का सामना भी नहीं करना पड़ेगा।

- माता -पिता, धन -दौलत, बुद्धि, हुनर सब अच्छा फल देने वाले होंगे।
- कुप्रभाव केवल 42 वर्ष की आयु तक रहेगा, इसके बाद शनि अवश्यमेव में शुभ प्रभाव देगा।
- नालायक बेटे और खोटे सिक्के को नजरो से न गिराएं, बल्कि सुरक्षित रखें, क्योंकि बुरे समय में यही काम आएंगे।
- यात्रा का परिणाम अच्छा होगा, प्रसिद्ध खिलाड़ी हर क्षेत्र में अच्छा खेल दिखाएगा।

## शनि-सातवां भाव

### शुभ स्थिति-

- शनि- 3, 6, 7, 8, 9, ॥0, ॥ 72वें भाव में शुभ फल देगा।
- शनि अककेला हो तो सूर्य के साथ इकलौते साथ ब्रुधा की तरह कार्य करेगा।

### अशुभ स्थिति-

- मकान गिर जाना।
- पलकों, भौहों के बाल उड़ जाना।
- भैंस का मर जाना।

### उपाय-

- काली गाय की सेवा करें।
- घर की देहली साफ रखें।

- मांस -मदिरा का प्रयोग न करें
- पर-स्त्री गमन न करें।

## टोटके -

- शहद में कच्चे दूध की कुछ बूंदे डालकर पूर्णिमा रात्रि को किसी स्वच्छ जल वाली नदी में प्रवाहित करें। यदि नदी न हो तो काएं में भी डाल सकते हैं।
- घरा की दहलीज काय के ताजे गोबर से लीपें।
- गाय का नहला कर चन्दन का तिलक उसके मस्तक पर लगाएं।

लाल किताब के लेखक का मत -शनि की वस्तुओं (लोहा व लोहे से बनी वस्तुएं) में धन का लाभ होगा।

- ऐसे व्यक्ति की आयु लम्बी और सेहत अच्छी होगी।
- पराई स्त्री से इश्क और महब्बत घर-बार और जीवन, सब कुछ चौपट कर देगा।
- 22 वर्ष की आयु से पहले विवाह करना लाभप्रद होगा और बाद में हानिकारक, आँखों

का कोई भयानक रोग भी हो सकता है।

## शनि- आठवां भाव

## शुभ स्थिति-

- आठवें अकेला बैठा शनि कदापि अशुभ फल नहीं करेगा क्योंकि यह शनि का अपना

भाव है।

- व्यक्ति की दीर्घायु, आत्म प्रशंक, सबके भल में अपना भला देखने वाला होगा।
- बुध, राहु- केतु की स्थिति के अनुरूप ही शानि की स्थिति होगा।

**अशुभ स्थिति-**

- शरीर पर बाल अधिक हों तो जातक आजीवन गुलामी करे। जातक डरपाके और राजभय से भयभीत हो। राहु नीच हो तो दुर्घटना व भाई का शत्रु बना देता है। शत्रु ग्रह शनि के साथी हों तो अशुभ फल हो। बुढ़ापे में नजर का धोरवा। द्वारा पर मृत्यु दस्तक देती रहेगी।
- शनि आठवें अशुभ और 72 वां भाव रिक्त हो तो अर्थिक तंगी व दुःखी हो। वृद्धावस्था में दृष्टि दोष रहे।
- मकान गि जाना।
- पालकों, भौहों का बाल उड़ाना जाना।
- भैंस का मर जाना।

**उपाय-**

- काली गाय की सेवा करें।
- घर की दहेली साफ रखें।
- मांस-मदिरा का प्रयोग न करें।
- पर-स्त्री गमन न करें।
- मिट्टी पर बैठकर स्नान न केरं।

- चांदी धारण करें। चांदी का चौकोर टुकड़ा पास में रखें।
- जैसा केतु होगा वैसी रक्ष होगा। राहु अशुभ फल करेगा।

**टोटके -**

- चन्द्र शुभ हो तो बुध या शनिवार को 800 ग्राम उड़द सरसों का तेल लगाकर पानी में

  बहाएं यदि चन्द्र अशुभ हो तो सोमवार को उड़द बहाने से पूर्व 800 ग्राम दूध पानी में बहाएं।

## लाल किताब के लेखक का मत

- इस भाव में शनि जितने साथी ग्रह हों, उतनी ही मौंतो के बाद ऐसा व्यक्ति (जिसकी कुण्डली के आठवें भाव में शनि है) पैदा होता है। आठवों भाव मृत्यु स्थान माना गया है जो

  मंगल से प्रभावित है। स्वयं शनि के आठवें भाव में मृत्यु-दाता का काम करता है जो किसी -न-किसी को मारने का इन्तजार में रहता है।
- यदि ऐसा व्यक्ति शराब न पिये तो शनि का काप्रभाव न होगा।
- बुढ़ापे में नजर धोखा देगी।

## शनि-नवां भाव
## शुभ स्थिति-

- शनि नौंवे और केतु 5वें हो तो जातक को नौ पुत्र व 3 पुत्रियों होंगी।

- शनि नौंवे और बुध 6ठे या 7 वें तो ससुराल धनवान होगी।
- शनि नौवें और गुरू 72 वें हो तो जातक धनी होगा पर धन की परवाह ना करेगा।
- शनि नौवं और शत्रु ग्रह, सूर्य चन्द्र, मंगल तीसरे हो तो अशुभ फल न होगा। घर के अन्दर अन्धेरी कोठरी में प्रकाश कर दिया जाए या दीवार तोड़ दी जाए या दक्षिण में रोश- नदान हो

  तो तीन वर्ष में सब कुछ नष्ट हो जाए।

**अशुभ स्थिति-**

स्त्री या पत्नी गर्भ में हो तो 36-39 वें वर्ष में घर बनाने से पिता की मृत्यु हो जाए।

- सन्तान बिलम्ब से हो पर जीवित रहे। शनि नौवें और मंगल चौथे हो तो जातक भाग्यहीन हो
- सन्तान विलम्ब से हो पर जीवित रहे। शनि नौवें और मंगल चौथे हो तो जातक भाग्यहीन हो।
- शनि नौंवे और पापी ग्रह राहु- केतु साथ हों तो सन्तान को कष्ट हा।
- शनि नौवं और दूसरा भाव रिक्त हो तो धन-सम्पति होते हुए भी जातक दुःखी हो। दूसरों के कफन बेचकर न संग्रह करें।
- जातक निर्धन को कभी घर पर न रखे। छत पर चौखट ईंधन, लकड़ी आदि रखा होत तो शनि अशुभ फल देगा। गुरू का उपाय लाभदायी होगा।

**उपाय -**

- गुरू का उपाय करें।
- माता -पिता की मृत्यु के उपरान्त यदि कष्ट हो तो घर में कहीं भी पत्थर लगाएं।
- घर की छत पर ईंधन, लकड़ी और चौखट व्यर्थ न रखें।
- घर में अंधेरा कमार हो तो शुभ होग।
- गुरू की वस्तुएं घर में रखें।

**टोटके -**

- पीले फूलों वाले पोधे घर में न लगाएं।

लाल किताब के लेखक का मत

- भरा-पूरा परिवार और सम्पत्तियों का स्वामी हमेशा सुख पूर्ण और दीर्घायु

होगा-माता-पिता का सुख भी अच्छा होगा। किसी भी हालते में अपने पीदे कर्जा छोड़कर नहीं जाएगा।

- तीन पीढा (दादा, बाप और पोता) हरदम रहेंगे। शनि का कुप्रभाव कभी देखने में नहीं आएगा।
- यदि परोपकारी हो तो हर तरह से सुखी होगा।
- धन-दौलत पर जरूरत से ज्यादा ध्यान न देगा।

**शनि - दसवां भाव**

**शुभ स्थिति-**

- स्त्री को कष्ट, मकान बन जाने पर आर्थिनि तंगी या धन हानि हा। प्रारम्भ में धर्मात्मा हो तो अन्त समय निकम्मा

हो। समय खराब हो तो दाढ़ी-मूंछ के बाल कम हो जाएं। पराक्रम में कमी आए और निज धन में मकान न बने। शनि के शुत्र, ग्रह, सूर्य, चन्द्र, मंगल चौथे भाव में हो तो शनि का अशुभ फल हो।

**उपाय -**

- बैसन का लड्डू बनाकर गाय को खिलाएं।

## लाल किताब के लेखक का मत

- अकेले शनि इस भाव में होन पर आयु का हर त्तीसर साल अच्दा और शनि चारों तरफ देखने वाली आँखों का स्वामी होगा और हर क्षेत्र में वृद्धि करगा।
- ऐसे व्यक्ति की आयु 90 वर्ष के करीब और पिता की आयु भी दीर्घ हागी।
- जिस कदर दूसरों का इज्जत -सम्मान करे, उतना ही स्वयं को भी इज्जत प्राप्त हो -शराब का प्रयोग शनि के प्रभाव को नष्ट करेगा।

## शनि - ग्यारहवां भाव

## शुभ स्थिति-

- धोखेवाजी से धन कमाकर धनी बने, केतु शुभ हो तो शनि का शुभ फल लिमे। वर्ष कुण्डली में शनि पहले भाव में आए तो शुभफल होगा धोखेबाजी से कमाया धन कफन का कार्य करेगा।
- 48वां वर्ष शुभशुभ फल के लिए निर्णयक होगा। अपना घर न बनाएं। यदि नाने का अवसर आत तो 45 से -55 वर्ष

के मध्य बनाएं। यदि घर पहले बनायेंगी तो लम्बी बीमारी हो जाएगी।

## अशुभ स्थिति-

- शिक्षा अधुरी रहे, क्रोधी अल्पायु परिवार को मंझधार मे छोड जाए, ब्रुधा तीसरे

  हो तो शनि शुभ फल कभी न दे। राहु शुभ हो तो ससुराल अच्छी, केतु शी तो

  पुत्र भाग्यशाली होगा।
- शनि ॥ वें, तीसर भाव रिक्त होने पर शनि सुप्त हो और वर्ष कुण्डली में शनि पहले हो तो 34 वें वर्ष में शुभ फल मिले।
- शनि ॥ वें हो और मुख्य द्वार दक्षिण हो तो अशुभ फल प्राप्त हो। जातक

  हत्यारा व क्रोधी होगा।
- अपनी सम्पत्ति न बनाएं, यदि बनायेंगा तो निःसन्तान रहेंगे।

## उपाय-

- शराब व मासं का सेवन कदापि न करें।
- किसी भी कार्य से बाहर जाएं तो पानी से भरा घड़ा सम्मुख रखें या दर्शन

  करके जाएं।
- पर-स्त्री गमन न करें।
- गुरू का उपाय करें।

## टोटके -

- सूर्योदय के समक्ष चालसी अथवा तैंतालीस दिन तक सरसों का तेल धूप के स्थान पर गिराएं।
- गाय को ज्वार का दाना खिलाएं।
- तेल में लोहे की कील डालकर दान करें।
- लोहे का कड़ा दायें हाथ में पहनें।

## लाल किताब के लेखक का मत

- शनि स्वयं भाग्य का हर दम राजा या पाप की स्याही धोने वाला होगा।
- 48 वर्ष की आयु में भाग्य का फैसला होगा।
- आँखों की होशियारी व फरेब (धोखे) से धन कमाएं।
- शनि शुभ हो तो म्ट्टी में हाथ डालने पर भरी सोना निकाले और अशुभ हो तो सोना भी मिट्टी हो जाए।
- जीवन का उतार-चढ़ाव देखने पर भी उसके जीवन में किसी प्रकार की कमी न होगी।

## शनि-बारहवां भाव

## शुभ स्थिति-

- जातक बाहदुर हो और अच्छा जीवन निर्वाह करे।
- सिर के बाल उड़ जाएं तो धनी और सुखी होगा।
- राहु, केतु व बुधा का अशुभ फल न होगा।

- शनि शेषनाग बनकर रक्षक जैसा व्यवहार करेगा। सर्प हाथ में पकड़ ले तो काटे भी नहीं।
- व्यापार व परिवार उत्तम श्रेणी के हों।

शनि बारहवें और सूर्य 6ठे भाव में हो तो स्त्रे मरें राज्य बाधा से मानसिक तनाव बढ़े।

## उपाय -

- झूठ न बोलें, शराब न पिएं और न ही मांस खायें।
- पर स्त्री गमन न करें।
- किसी से धोरबा न करें।
- ईमानदारी से काम करें।

## टोटके -

- गाय के घी दीपक पन्द्रह दिन तक मन्दिर में जलाएं।
- बारह बादाम वाले कपड़े में बाधकर लोहे के पात्र में बनदर करके आजीवन रख छोड़ें। उसे कभी खोलकर न देखें।
- घर की छत पर चन्द की लकड़ी रखें
- शनिवार के दिन तीसरे पहर द्वार पर जो भी याचक आए उसे अपनी सामर्थ्य के अनुसार दान दें और भोजन कराएं। दान में काला कपड़ा अवश्य दें, शनि का अशभ प्रभाव कम होगा।

## लाल किताब के लेखक का मत

- स्त्री ग्रहों के साथ का सम्बन्ध स्थापित हो जाने पर शनि,4,7,0 भावों में

अपने प्रतिनिधि राहु/ केतु का कुप्रभाव देगा, क्योंकि राहु, केतु को शनि की

बुनियाद (नींव) कहा जाता है। यही नियम शनि के साथ स्त्री ग्रह हाने पर हर ग्रह पर हो सकता है। यदि विरोध में स्त्री ग्रहों के साथ उसके शत्रु ग्रह बैठे हों तो शनि की हालत में स्त्री ग्रहों को कुछ न कहेगा, मगर शत्रु को जड़ से उखाड़ देगा।

- शनि के शुभ होने पर व्यक्ति शत्रुओं के सामने हाथ में त्रिशूल लेकर आएगा और अपने बल पर जीवन गुजारेगा। उसे किसी चीज की कमी न होगी।
- यदि सिर गंजा हो तो धनवान और सुखी होगा।

## राहु

### सामान्य परिचय -

- राहु शत्रुओं का नाश करने वाला तथा मस्तिष्क की सोच का स्वामी है इसे फारसी में रास और अंग्रेजी में 0॥860॥/5 ॥६५० ड्रेगन्स हैड कहते हैं। इसका वार गुरूवार की शाम है। तथा इसका रंग नीला है। यह नपुंसक ग्रह हे। इसका कारक भाव बारहवां है।

बुध, शनि व केतु इसके मित्र हैं। सूर्य व शुक्र और मंगल इसके शत्रु हैं। राहु

की काल चालीस दिन, बायलीस वर्ष, आयु नब्बे वर्ष है। इसकी आयु किसी भी ग्रह के साथ मिलने पर बयालीस वर्ष होगी।

## राहु -पहला भाव

### शुभ स्थिति

- राह के पहले भाव में शुभ होने पर जातक खर्चीला, गुणी, धनवान राजा सदृश

  होगा।

- राहु पहले भाव में शुभ हाने पर जातक धनी होगा। उसकी स्त्री रूपवान होने के साथ रोगिणी हो जाएगी।
- जातक का जीवन सामान्य बीतेगा।

### अशुभ स्थिति-

राहु वृद्धावस्था में पिता के लिए कष्ट देने वाला होगा। प्रत्येक कार्य में रूकावट आएंगी।

- जातक गलत संगति में पड़ेगा।
- जातक अधर्मी और बेईमान होगा।

### उपाय-

- सूर्य से सम्बन्धित वस्तुएं दान करने से लाभ होगा।
- विवाह में दहेज न लें।
- माता-पिता की सेवा कर आशीर्वाद लें।
- रात्रि में किसी से लड़ाई झगड़ा न करें।
- गुरु की वस्तुएं प्रयोग में लाएं।

## टोटके -

- कुत्ते को मीठी दही खिलाएं।
- दही अथवा दूधा से सिर धोएं।
- काले वस्त्र में नारियल रखकर पानी में बहाएं।
- चाँदी की चेन गले में पहनें।

## लाल किताब के लेखक का मत

- कुण्डली के भाव में रहने वाला ग्रह सब ग्रहों पर हूमत करने वाला होगा, क्योंकि यह भाव सूर्य और मंगल से प्रभावित है।
- राहु सूर्य की सहायता करेगा और सन्तान का मुँह देखना अवश्य नसीब होगा।
- रात को सोते समय कोई न कोई झगड़ा आदि अवश्य होगा, जिसका परिणाम कुछ भी हो।

## राहु- दूसरा भाव
## शुभ स्थिति-

राहु के दूसरे भाव में शुभ होन पर यदि गुरू सम हो तो जतक को इज्जत व मान की प्राप्ति होगी।

जतक रसजी जीवन व्यतीत करेगा तथा दीर्घायु हो। जातक का जीवन सुखं से पूर्ण होगा।

- युवावस्था में किसी चीज की कमी नहीं होगीं जीवन आरम से कटेगा।

- जातक को ग्रहस्थ सुख प्राप्त होगा। स्त्री रूपवान व सुन्दरी होगी।

## अशुभ स्थिति-

- जातक अधर्मी व पापकार्यों में लिप्त रहे। उसके कर्म उसका साथ छोड़ें।
- सम्पूर्ण जीवन कष्टों में व्यतीत हो। किसी प्रकार को कोई भी कष्ट सिर्फ जातक के हिस्से में ही आए।
- गलत कार्यो से धन कमाए। उसे चोरी के अरोप में सजा हो।

## उपाय -

- चांदी की गोली तिजोरी में रखें।
- गुय की वस्तुएं प्रयोग में लाएं और स्वर्ण धारण करें।
- माता का सम्मान करें।
- मस्तक पर रोली अथवा चन्दन का तिलक लगाएं।
- नींबू का पेड़ घर में लगाएं।

## टोटके -

- कीकर का कांटा लाकर दहलीज के नीचे दबाएं।
- काएं में दूध डालें।
- दामाद को चाँदी की ठोस गोली दें।
- चाँदी के बर्तनों में ब्राहमण को भोजन कराएं, नीले वस्त्र दान दें।

लाल किताब के लेखक का मत

- कुण्डली के इस भाव म राहु तो रहता ही है, मगर यह घर बृहस्पति (गुरू) और शुक्र सेप्रभावित है। राहु दोनो का शत्रु है। चन्द्र भी इस दूसरे भाव में उत्तम और बलवान बनता है,

जिसके सामने राहु भी मानो चुप्पी साधकर, धर्म-कार्य में नीन रहने की कोशिश करता है।

यानि उसका धर्म केवल इतना होगा कि रात के समय कभी कोई शरारत, नुकसान, खराबी या चोरी न करेगा। ऐसे में चाँदी धारण करना या चाँदी का उपाय, राहु की चोरी की शरारतों या ससुराल की मंदी हालत में बचाव के लिए सहायक होगा।

-उक्त कुण्डली वाला व्यक्ति सुखी व राजा के समान होगा। उसकी आयु लम्बी, आमदनी अच्छी और सेहत भी अच्छी होगी।

## राहु तीसरा भाव

## शुभ स्थिति-

- राहु के शुभ होने पर जातक साहसी, निडर व धैर्यवान होगा।
- जातक धनी व दीर्घायु होगा एंव मित्र की सहायता करने वाला उत्तम मित्र होता हे। समय

  पड़ने प रवह मित्र के लिए आपके प्राणों का भी न्योछावर करने के तैयार हो जाए। जातक का निशान अचूक होगा।
- जातक उत्तम संतान का पिता, जीवन में उन्नति करने वाला तथा अपने शत्रुओं को पराजित करने वाला होगा।

- जातक राजा के समान राजसी वैभव से जीवन जीने वाला होगा। जातक की स्त्री भी उच्चकुल की होगा।

**अशुभ स्थिति-**

- राहु यदि तीसरे भाव में अशुभ हो तो जातक का भाई उसको बर्बाद करने वाला होगा। भाई के कारण उसे व्यापार में घाटा उठाने पड़ेगा।
- जातक को धन धोखे अथवा उधार के कारण नष्ट हो जाएगा।
- जातक ईश्वर में जरा भी आस्था न रखेगा, नास्तिक हांगा।

**उपाय -**

- चन्द्र का उपाय करें अथवा उससे सम्बन्धिहत वस्तुएं दान में दें।
- घर में पशु न पालें अन्यथा हानि उठाएंगे।

**टोटके -**

- पीपल का वृक्ष रोपें।
- हाथी दाँत के गहने पत्नी को पहनाएं
- काले रंग के कपड़े में बादाम रखकर तेली को दान दें।

लाल किताब के लेखक का मत

- धनवान होगा तथा बड़े-बड़े लोगों के सम्बन्ध स्थापित करने वाला होगा।
- दूसरों की सहायता करने वाला होगा।

- पकक्का निशानेबाज और चैकत्रा पहरेदार होगा। शातिर शिकारी होगी। बड़े-बड़े जानवरों का शिकार करना उसके लिए मामूली बात होगी।
- बेहद निडर होगा आर शत्रु उससे भय खाएंगे।
- शत्रु का बुरा करने की बात भी कभी मन में न लाएगाऔर सबकी सहायता करेगा।
- कभी कर्जदार न मरेगा बल्कि सम्पत्ति और धन अपने पीछे छोड़कर मरोगा।

## राहु-चौथ भाव

### शुभ स्थिति-

- चौथे भाव में राहु के शुभ होने पर जातक सर्वगुण सम्पन्न, धनी एवं दीर्घायु होगा। तीर्थ

  यात्राएं करने वाली, सुखी जीवन बिताने वाला सज्जन पुरूष होगा।
- राहु यदि चौथे भाव में शुभ हो तथा बुधा पहले भाव में हो तो जातक अपार धन संपत्ति

  अर्जित करेगा।
- जातक को अपने सम्बन्धियों से धन प्राप्त हो। और वह दूसरों की मदद करने वाला चरित्रवान होगा।

### अशुभ स्थिति-

- राहु की चौथे भाव में अशुभ होने पर जातक आर्थिक रूप में कमजारे व परेशान रहेगा।

- जातक को चौबीस वर्ष तक कष्टों का सामान करना पड़ेगा। यह समय जातक के लिए अत्यन्त कष्टकारी होगा।
- माता को रोग के कारण कष्ट होगा।

## उपाय -

चाँदी के आभूषण जातक की स्त्री धारण करे।

- कभी भी किसी कार्य को अधूरा न छोडें। ऐसा करने से राहु के अशुभ फल और बढ़ जाएगा।
- राहु को प्रसन्न करने का उपाय करें।
- माता को कपड़े लाकर दें और उनके पैर छूकर नित्य आशी-र्वाद ले।
- भाभी का सम्मान करें।

## टोटके -

- चाँदी की अँगूठी दायें हाथ में पहनें।
- पूर्णिमा के दिन गंगा स्नान अवश्यक करें।

## लाल किताब के लेखक का मत

- ऐसा व्यक्ति ईमानदार और माता-पिता के सम्बन्धा में कोई पाप न करने वाला होता है।
- शादी के दिन से ससुराल की दौलत बढ़ती होगी और उस दौलत का कुछ हिस्सा ववक्त जरूरत वह भी लेता रहेगा।
- ऐसे व्यक्ति पर रहा का शुभ प्रभाव होगा और मंगल की सहायता भी लेता रहेगा।

- चौबीस या अड़तालीस वर्ष की आयु में या सन्तान के जन्म के दिन से माँ बाप के लिए शुभ होगा। किन्तु उस वर्ष तक चन्द्र की बेजान वस्तुओं का फल मन्दा होगा। मंगर वह स्वंय विद्वान और धर्म-कार्य में लीन होगा। पैंतालीस की आयु से राहु केतु दोनों काक फल उत्तम होगा। मंदी हालत में भी धन -दौलत की कोई चिन्ता न होगी।

## गुरू -पांचवा भाव

## शुभ स्थिति-

- पांचवां भाव यदि शुभ हो तो जातक धनवान व चतुर हो तथा राजसी जीवन व्यतीत करने वाला हो।
- राहु के पाँचवे भाव में शुभ होने पर जातक धनी व पारिवा- रिक सुख प्रापत करने वाला हो।
- जातक ईश्वर की आराधना करने वाला तपस्वी होगा।

## अशुभ स्थिति-

- राहु चौथे भाव में यदि अशुभ हो तो जातक विद्या पूरी न कर सकेगा। उसकी विद्या अधुरी रह जाएगी। मानसिक अशान्ति होगी। सत्नतान कष्ट से होगी तथा माता को कष्ट प्रदान करने वाली होगी।
- जातक के पुत्र तो होंगे किन्तु मूर्ख होंगे जिस कारण उपहास के पात्र बनेंगे।
- राहु पांचवे भाव में अशुभ हो तो जातक को अधिक समय तक माता-पिता का सुख नहीं मिलेगा।

## उपाय -

- चांदी की ठोस गोली अपने पास रखने से राहु की अशुभता दूर होगी।
- मांस व मदिरा का प्रयोग न करें। चरित्र न गिरने दे।
- पराई स्त्रियों से सम्बन्ध न रखें, अपनी पत्नी के प्रति वफादार रह।
- मुख्य द्वारा के नीचे भूमि में चांदी दबाएं।
- धर्मस्थल पर दान अवश्य दें।

## टोटके -

- चाँदी के दीपक में घी डालकर पीपल के नीचे जलाएं।
- दरवाजे के नीचे चांदी का सिक्का दबाएं।
- बेरी की जड़ में शहद मिला दूध चढ़ाएं।
- अपनी पत्नी से दो बार विवाह करने पर केतु की अशभता सदा के लिए दूर हो जाती है।

## लाल किताब के लेखक का मत

- सन्तान व धन दोनों में वृद्धि होगी, परिवार खुशहाल होगा। माता का साया जल्दी सिर से

  उठ जाएगा।
- आयु लम्बी होगी।
- अशुभ होने पर पत्नी पर प्रभाव पड़ेगा, उसकी बीमारी पर बहुत धन खर्च होगा।

- बारह साल तक की आयु तक पुत्र की सेहत अच्छी नहीं रहेगी।
- यदि ऐसे व्यथ्क्त के कोई सनन्तान नहीं हो तो कोई आश्चर्य नहीं।

## राहु-छठा भाव

### शुभ स्थिति-

- छठे भाव में राहु के अशुभ होने पर जातक बुद्धिमान व साहसी, धैर्यवान और जीवन की उन्नति करने वाला होगा।
- जातक शक्तिशाली और सभी गुणों से परिपूर्ण होगा। उसका कोई बाल भी बांका नहीं कर सकेगा। जातक अपने सभी शत्रुओं पर हावी रहे। शत्रु को भी वश में करने वाला, निर्बलों की रक्षा करेन वाला दयालु प्रवृत्ति वाला होगा।

अशुभ स्थिति - जातक बूरे व्यक्तियों की संगति में रहकर अनैतिक कार्य करे। धर्म के विरुद्ध कार्य करने वाला होगा।

- राहु छठे भाव में अशुभ हो तो जातक अस्वस्थ तथा निर्धन हो जाएगा। घर के सदस्यों को कष्ट होगा।
- जातक को आर्थिक परेशानियों का सामना करना पड़ेगा। उसे रोटी भी अथाह परिश्रम करने से नसीब होगी।
- जातक कष्टों को देखकर परेशान होने वाला होगा। ईश्वर विश्वास खत्म हो जाएगा।
- जातक को अशुभ फल के कारण कभी सुख न मिलेगा। जातक हताश हो जाएगा तथा अधर्म के मार्ग पर चलने वाला होगा।

**उपाय -**

- बहन -भाई एवं किसी भी सम्बन्धी का अशुभ न चाहें, न करें।
- काला खरगोश अथवा कुत्ता पालें।
- कांच की वस्तुएं प्रयोग में लाना शुभ होगा।

**टोटके -**

- कीकर की डाली घर में लाकर टांगें।

लाल किताब के लेखक का मत

- हर प्रकार की परेशानियों और मुसीबतों से छुटकारा पाने वाला होगा।
- शत्रु कैसा भी हो, उस पर विजय प्राप्त करने वाला होगा। न तो शत्रु उसे अपने आगे झुका पाएगा और न ही किसी प्रकार का नुकसान पहुँचा सकेगा।
- जीवन में तरक्की करता जाएगा।
- अच्छी सेतह और त्तेज दिमाग का मालिक होगा। सितारे बुलन्द होंगे। कोई इल्जाम न लगा पाएगा, कोई खाक में न मिला सकेगा।

**राहु -सातवां भाव**

**शुभ स्थिति-**

- सातवें भाव में राहु यदि शुभ हो तो जातक धनवान होगा। जातक की जरूरत अपने आप पूरी हो जाएगी।

- शत्रुओं पर विजय प्राप्त करने वाला होगा। जातक को बुधा की विशेष कूपा प्रापत होगी।

  जातक की आर्थिक स्थिति अच्छी होगी।

- जातक दूसरों की मदद करने वाला होगा।

**अशुभ स्थिति-**

- राहु सातवें भाव में अशु# हो तो जातक को जीवन भर कष्ट प्रदान करेगा।

- जातक अल्पायु होगा व स्त्री की तरफ से परेशान रहे। स्त्री का स्वस्थ्य खराब रहेगा और उसकी सत्र मर जाए। जहां भी वह जाना चाहेगा परेशानियां उससे पहले वहां पहुंच जाएंगी।

  किसी भी जानवर के घर में पाने से और भी अशभ होगा। राहु सातवें भाव में हो तो जातक को बुध, शनि व केतु से सम्बन्धित वस्तुएं अशुभ फल दगी।

- राहु के अशुभ होने पर जातक का संतान प्राप्ति देर से होगी। जातक अपनी स्त्री के प्रति गलत धारणाएं बनाकर स्त्री से सम्बन्ध विच्छेद कर लेगा। स्त्री रेगिणी होगी। जातक के निकट सम्बन्धी उसे बीमा करे देंगे, अर्थात जातक उनकी वजह से मानसिक अशातति में घिरकर मानसिक रोगी हो जाएगा।

**उपाय -**

- छोटी आयु में विवाह न करें। यदि ऐसा हो तो चांदी का एक टुकड़ा गंगा जी में बहाएं और दूसरा टुकड़ा पति-पत्नि अपने पास रखें।

## टोटके -

- कच्चे घड़े में पानी भरकर उसे घर के अंधेरे कोने में रख दें। ध्यान रहे कि वह पानी सूखन ने पाए।
- काले कपड़ें में पांच कच्चे नारियल रखकर पानी में बहाएं, लाभ होगा।

लाल किताब के लेखक का मत -धनवान होगा, ग्रहस्थी का सुख कम मिलेगा। ससुराल व पत्नी दोनों से कम सुख मिलेगा।

- इस कुण्डली वाले व्यक्ति को अपनी पत्नी में कोई विशेष बात न होगी।
- ऐसे व्यक्ति की नजर में सारी स्त्रियां एक जैसी होती है।

राहु आठवां भाव

## शुभ स्थिति-

- राहु के आठवें भाव में शुभ होने पर जातक का भाग्य खुल जाएगा तथा जातक निर्धन होते हुए भी धनी हो जाएगा।
- जातक के माता-पिता धनी न हों किंतु जातक के भाग्य से वे अपनी पूरी उम्र सुख- सुविधाओं से युक्त बिताएंगे। जातक उच्चपद पर कार्यरत हो।

अशुभ स्थिति -जातक अधर्मी होगा। उसे ईश्वर में जारा भी आस्था न होगी। वह घमण्डी हो किसी से सीधे मुँह बात न करे। माता उसके कारण परेशानी भुगातेगी। उसके कार्यों से परिवार को अपयश प्राप्त होगा। जातक लड़ाई-जगड़ों में पड़कर व्यर्थ ही नुकसान उठाएगा। उसके सम्बन्धी उसकी कोई मदद न करेंगे?

- जातक बुरें कार्यो से धन अर्जित करेन वाला होगा। जातक गम्भीर रोग का शिकार होगा।

  अपने मूर्खतापूर्ण कार्यो के कारण कष्ट उठाएगा। जीवन में कदम-कदम पर कष्ठ उठाने पड़ें।

  -जातक की बेईमानी का फल व्यर्थ ही उसके परिवारजनों का भुगतना पड़ेगा।

## उपाय-

- किसी भी गलत तरीके से धन अर्जित न करें। क्योंकि ऐसा धन आपके किसी काम न आएगा, उल्टे उसका अशुभ फल आपको मिलेगा।
- भैरों की उपासना करें, अशुभता दूर हो जाएगी।

## टोटके -

- काले अथवा नीले रंग के वस्त्र में नारियल लपेटकर बहते पानी में बहाने से राह का अशुभ दूर होगा।
- मन्दिर में सूखे मेवे चांदी के पात्र में रवकर छान दें।
- ताँबे का सिक्का एक मात तक पानी में बहाएं।
- शहद में किसर मिलाकर नवजात शिशु को चटाएं।

## लाल किताब के लेखक का मत

- 28 वर्ष की आयु में मंगल शुभ या कुण्डली के पहले व आठवें भाव में आ जाए या शनि शुभ हो या आठवें भाव में आ जाए तो सोया हुआ नसीब भी जगका देगा और खाली खजाना फिर से भर देगा। राजा और रंक दोनों को बराबर

एक फल देगा। चाल चन्द्र की, हुक्म शनि का और प्रभाव राहु का दिया हुआ होगा। (बिगड़े समय में न कोई सहायक होगा न कोई फरियाद सुनने वा होगा। अपना हौसला शनि पर छोड़ना होगा।

## राहु-नौवां भाव

### शुभ स्थिति-

- नौवें भाव में राहु के अशुभ होने पर जातक वैद्य अथवा डॉक्टर होगा। ईश्वर के प्रति नास्तिक, परिश्रम से धन अर्जित करने वाला तथा भाई बन्धुओं से स्नेह करने वाला होगा।

  सनन्तान तपस्या करने पर ही मिलेगी।

- संतान अंज्ञाकारी गुणों से पूर्ण होगी।

### अशुभ स्थिति-

- नौवें भाव में राहु के अशुभ होने पर जातक के ईश्वर में आस्था न होने की वजह से उसकी संतान उसी के पदचिन्हों पर चलने वाली, आलसी, अधर्मी होगी।
- जातक के सम्बन्धी उसकी बर्बादी का कारण होंगे। ससुराल निर्धन होगी। जातक सभी से झगड़ने वाला होगा।
- संतान गर्भ में मर जाएगी। यदि पैदा होगी तो मां-बाप के लिए अ्शी व मनहूस होगी।
- जामतक का कहीं भी मान न मिलेगा। हर स्थान पर अपयश प्राप्त होगा। सम्बन्धियों से झगड़ों के कारण मानसिक रूप से तनाव ग्रस्त व रोगी रहेगा। जीवन कष्टो से व्यतीत होगा।

**सुख नसीब न होगा।**

**उपाय -**

- सर को टोपी अथवा पगड़ी से ढककर रखें।
- स्वर्ण आभूषण धारण करें।
- पैतृक सम्पत्ति न लें। अन्यथा फल प्राप्त होगा। अपने द्वारा अर्जित धन से ही परिवार का पोषण करें।
- गुरू से सम्बन्धित वस्तुएं एकत्र पानी में बहाएं आवा घर में स्थापित करें। बनाकर रखें, किसी से झगड़ें नहीं। सम्बन्धों को मधुर एवं स्नेह बनाकर रखें।
- मस्तक पर केसर या चन्दन का टीका अवश्य लगाएं। ऐसा लगभग चालीस दिन लगातार करें अथवा हमेशा लगाने की आदत बनाएं।
- ससुराल व साले से सम्बन्ध न बिगाड़ें।

**टोटके -**

- हल्दी व बेसन की छोटी-छोटी गोलियाँ बनाकर उन्हें सुखा लें व प्रतिदिन प्रात: बोला में नदी में बहाएं।
- परिवार में चितकबरा कात्ता पालें।

  लाल किताब के लेखक का मत - बेईमानी, लालच, शराब-खोरी, झूठ, मक्कारी, दूसरे की औरत पर गंदी नजर डालना आदि कारणों से गुरू का प्रभाव कम होगा।

- नौजवानों से झगड़े बीमारी, घर के द्वारा के नीचे से गन्दी नाली गुजरना, काला कात्ता गुम, बिल्ली का रोना, रिश्तेदा-

रों की मौत और नाखून आदि का झड़ना भी राहु के कुप्रभाव के कारण से होगा।

दिमाग उलण्नें बढेंगी, बड़ों की तरफ से परेशानियां बढ़ेगी, और सेहत व दौलत में कमी आएगी।

## राहु- दसवां भाव

## शुभ स्थिति-

- राहु दसवें भाव में शुभ हो तो व्यक्ति उत्तम चरित्र वाला, प्रत्येक जगह प्रशंसनीय और मुदु स्वभाव का होगा।
- राहु के शुभ होने पर व्यक्ति वीर, साहसी व दीर्घायु होगा।
- व्यक्ति आदर्शे विचारों वाला होगा। वह स्वअर्जित धन व सम्पत्ति से जीवन जीने वाला होगा। वह सबके द्वारा सम्माननीय होगा।
- कारखाने का मालिक अथवा बहत बड़ा व्यापारी होगा। वे अपार धन सम्पत्ति अर्जित करेगा।

## अशुभ स्थिति-

- शनि दसवें भाव में अशुभ हो तो जातक मां-बाप को कष्ट देने वाला होगा।
- जातक निकम्मा, पक्का आलसी व मां-बाप का धन बर्बाद करने वाला होगा। जातक स्वार्थ होगा और कंजूस भी होगा।
- राहु दसवें भाव में अशुभ हो और चन्द्र भी अशी हो तो जातक के शरीर के अंग में विका हो जाएगा, अथवा धन-सम्पत्ति नष्ट हो जाएगीं

## उपाय -

- मंगल से सम्बन्धित वस्तुएं एकत्र कर पानी में बहाएं या भूमि में दबाएं।
- पाँच वर्षीय कन्याओं को लाल वस्त्र दान दें।

## लाल किताब के लेखक का मत

- पिता के लिए आज्ञाकारी होगा, जिसकी हर जगह पर इज्जत होगी मगर मित्रों को खतरा होगा यानि राहु का शुक्र और अशुभ शक्की ही होगा जो शनि के इशारों पर चलता होगा यानि जैसा शनि हो वैसा ही राहु का प्रभाव होगा।
- राहु धन-दौलत के लिए दो गुना शुभ होगा। -दृष्टि व आयु का खतरा होगा।

## राहु -ग्यारहवां भाव

## शुभ स्थिति-

- व्यक्ति का बचपन सुख से बीतेगा। उसे उच्च कुल में विद्या अर्जित करने का अवसर मिलेगा और वह उसमें सफल होगा।
- व्यक्ति पिता को सुख देने वाला होगा। तपस्वियों वाला आचरण अपने जीवन में उतार लेगा। पिता के जीवित रहने तक धन की तरफ से निश्चित होगा।
- व्यक्ति शक्तिशाली व सत्यप्रिय होगा। भाग्य से उन्नति अवश्य मिलेगी।
- स्वअर्जित धन से जीवन व्यतीत करेगा। माँ बाप से सहायता न लेगा।

## अशुभ स्थिति-

- पिता व दादा का कहना न माने व उनसे घृणा करने वाला होगा।
- पिता अल्पायु हो, युवावस्था में जातक को कष्ट देने वाला होगा।
- अयाश लोगों की संगति में रहे। अनेतिक कार्यो से धन अर्जित करे। पाप कर्मों में लिप्त रहे।
- जातक का पिता किसी दुर्घटना का शिकार होकर मृत्यु को प्राप्त हो जाए। धन की हानि हो। धन चोरी चला जाए।
- जातक को अनेक रोग घेर लें तथा रोगों के कारण जातक का शिकार अत्यन्त क्षीण हो जाए। संतान कमजारे व अपाजि उत्पन्न हो। जिसके कारण माता-पिता को कष्ट उठाना पड़ेगा।
- जातक की युवावसथा कष्टों में निर्धनता से बीते।

## उपाय-

- शुक्र का उपाय प्रयोग में लाना शुभ होगा।
- स्वर्ण धारण करें मस्तक पर चन्दन का तिलक लगाएं।
- अपने द्वार से याचक को कभी खाली न जाने दें। उसे कुछ न कुछ दान में अवश्य दें।
- गुरू से सम्बन्धित वस्तुएं दान देने से राहु का अशुभ फल दूर रहेगा।
- चाँदी के बर्तनों का प्रयोग करें।
- चाँदी का छल्ला उंगली में पहने तथा पत्नी को भी पहनाएं।

## टोटके -

- चाँदी की कटोरी में खीर खाएं।
- चाँदी का छल्ला अंगुली में पहनें तथा पत्नी को भी पहनाएं।

लाल किताब के लेखक का मत

- यद्यपि व्यक्ति का पिता लम्बी आयु नहीं जीता। फिर भी उसकी आयु तक राहु का असर दौलत के लिए अच्छा रहेगा।
- राहु के ग्यारहवें भाव वाले व्यक्ति का जनम उस समय होगा, जबकि उसके माता-पिता खूब मालदार होंगे। मगर उसकी पैदाईश के बाद धन -दौलत बर्बाद होगी, फिजूल का नुकासन होता रहेगा। बीमारी की हालत में जरूरत से ज्यादा खर्च होगा। हर तरफ से ही विपदाएं आन घेरेंगी।

## राहु-बारहवां भाव

- राहु बारहवें भाव में शभ हो तो व्यक्ति की जिन्दगी में सभी प्रकार के सुख होंगे।
- व्यक्ति हर तरफ से सुखी होगा। उसका स्वभाव योगियों जैसा होता है। उच्चशिक्षित होकर

  अपने पेरों पर खड़ा हो तथा व्यर्थ की चिन्ताओं से दूर रहने वाला सर्वगुण सम्पन्न होगा।

- शत्रुओं को परास्त करने वाला, भाई -बहनों से स्नेह रखने वाला होगा ईमानदारी से जीवन यापपन करेगा। धनी होगी।

**अशुभ स्थिति-**

- जातक अनैतिक कार्यों में धन बर्बाद करने वाला होगा। अयाश विषय -वासनाओं में घिरा हुआ होगा। चारित्रिक पतनी की ओर अग्रसर होगा।
- मित्रों व सम्बन्धियों से सम्बनध खराब करेगा। लड़ाई - झगड़ों में अपना समय बर्बाद करेगा।
- परिश्रम करने पर भी आर्थिक स्थिति न सुधरे।
- मानसिक परेशानियों में हर व्यक्त घिरा रहे।
- युवावस्था से लेकर 44 साल अत्यन्त कष्टों से व्यतीत होंगे।

**उपाय-**

- व्यर्थ की चिन्ताएं न करें अन्यथा शारीरिक क्षमता काम होगी।
- खाना जमीन पर बैठकर ही खाएं।
- मंगल की वस्तुएं दान करने से लाभ होगा।
- किसी झगड़ा न करें अन्यथा पछताएंगे।

**टोटके -**

- शनिवार के दिन पक्षियों का दानर चुगाएं।
- पीले वस्त्र पहनें।

लाल किताब के लेखक का मत

- शत्रुओं से बचाव और रात का आराम अच्छा होगा।

- लड़कियों की पैदाईश और जीवित रहना तथा धन-दौलत की आय दोनों ही में वृद्धि होगी। बुध बौर गुरू बुनियाद होंगे यानि जैसा बुध होगा वैसी ही लड़कियों की संख्या और हालत होगी।

## केतु सामान्य परिचय -

केतु शुभता का स्वामी है। शुभ यात्रा का देव है। केतु को फारसी में दुम्ब और अंग्रेजी मे। "02460 (ड्रोगन्स टेल) कहते व्हैं। इसका वार रविवार की सुबह है। और रंग चितकबरा है। यह नपुंसक ग्रह है। इसका कारक भाव छठा है।

- शुक्र, राहु इसके मित्र हैं। चन्द्र व मंगल इसके शत्रु हैं इसकी आयु 80 वर्ष, काल 43 दिन, 48 वर्ष है। यह समस्त ग्रहों से निर्बल है।

## केतु - पहला भाव
### शुभ स्थिति-

- जातक परिश्रमी, संतान उत्तम व अज्ञाकारी हो। हर वक्त चिन्ता से मुक्त रहे।
- सुखी जीवन व्यत्तीत करे।
- केतु पहले भाव में शुभ हो तो अशुभ फल कदापि नहीं होगा। केतु के प्रभाव

  के कारण लम्बी यात्राओं पर जाना पड़े।

### अशुभ स्थिति-

- यदि वृश्चिक भाव हो और इसमें केतु उपस्थित हो तो व्यक्ति धनी, परिश्रमी तथा सुख उठाने वाला होता है।

उसमें बंधु -बाधंव परेशान रहते हैं। उसका मन स दैव अशान्त रहता है। तथा दुर्जनों से भयभीत रहता है। उसके शरीर में वायु -सम्बन्धी अनेक प्रकार के रोग उत्पन्न हो जाते हैं, जो परेशानी का कारण बनते हैं।

## उपाय-

- बुध का उपाय करने से लाभ होगा।
- चन्द्र से सम्बन्धित वस्तुएं दान में दें।

## टोटके -

- काले व सफेद कात्ते के बाल लाकर दरवाजे के दायीं और दबाएं।
- पशुओं को गुड़ खिलाएं।
- घर में चितकबरा कात्ता पालें।
- चाँदी की ठोस गोली अपने पास रखना शुभ होगा।
- काला व सफेद कम्बल गरीबों को दान देने से सन्तान का कष्ट और समस्त परेशानियों समाप्त हो जायें।

## लाल किताब के लेखक का मत

- दौलत और वासन की बेहयाई दोनों ही साथ -साथ बढ़ते होंगे।
- कुण्डली में केतु कैसा ही मंदा हो, मगर गुरू प्रभाव उत्तम होगा। तथा पिता के दुर्भाग्य में सहायक सिद्ध होगा।
- शादी के बाद जब केतु मंदा हो तो शनि जरूर शभु प्रभाव और सहायता देगा।

## केतु - दूसरा भाव

### शुभ स्थिति-

- दूसरे भाव में केतु के शुभ होने पर व्यक्ति को अपने व्यवसाय के सम्बन्ध में यात्राएं करनी पड़ें।
- व्यक्ति अपार - धन सम्पत्ति का स्वामी होगा। धन हमेशा अच्छे कार्यो में ही लगेगा।
- युवावस्था के बाद का सार समय उत्तम और सुख से व्यतीत होगा। गुरू हमेशा फल देने वाला होगा।

### अशुभ स्थिति

- केतू दूसरे भाव में अशुभ और मंगल रिक्त हो तो केतु अशुभ फल देने वाला होगा। केतु के अशुभ होने पर बचपन तो उत्तम बीतेगा लेकिन युवावस्था के बाद के समय जातक के लिए अत्यन्त कष्टकारी होगा।
- जातक केतु के अशुभ होने पर अल्पायु हो।

### उपाय-

- शरीर पर स्व धारण करे तो शुभ फल मिलेगा तथा आर्थिक स्थिति सुधरेगी। यदि सोना न पहने सकते हों तो ताँबा भी उपुयक्त फल देगा।
- चन्दन का तिलक लगांए। सिर को हमेशा ढक कर रखने से शुभ फल होगा
- गुरू की वस्तुएं घर में स्थापित करें।

**टोटके -**

- उल्लू का पार लकाकर मुख्य द्वारा पर लटकाएं।
- कुत्ता पालें, उसकी सेवा करें।

**लाल किताब के लेखक का मत**

- जिस व्यक्ति की कुण्डली के दूसरे घर में केतु वास कर रहा हो जो केतु का मियाद यानि

  चौबीस साल की आयु के बाद खुद कमाकार खाने वाला औश्र च्दी जिन्दगी का मालिक होगा।
- माथे पर हल्दी का तिलक लगाकर यात्रा पर जागए तो प्रसिद्ध, इज्जत -सम्मान और धन का लाभ होगा।
- जहाँ भी काम से जाए,तो पहले धर्म स्थल पर जाकर मस्तक टिकाए तो काम में सफलता मिलेगी।

**केतु - तीसरा भाव**

**शुभ स्थिति-**

- केतु के तीसरे भाव में शुभ होने पर व्यक्ति की सन्तान उत्तम व आज्ञाकारी होगी। वह भगवान के प्रति कृण्घ्न तथा पूजा अर्चना करने वाला, हमेशा दूसरें की सहायता करने वाला, उनकी भलाई करने वाला व्यक्ति होगा।
- केतु तीसरे भाव में सन्तान व धन के लिए अत्यन्त शुभ फलदायक होगा।

**अशुभ स्थिति-**

- केतु तीसरे भाव में अशुभ हो तो जातक अपने परिवपर से दुखी हो। उसके सगे -सम्बनधी ही उसके कष्टों का कारण

बनें। जातक को राजगार की तलाश में परिवार से दूर भटकना पड़े। मजबूरी में गलत फैसले लेकर स्वयं ही बाद में पछताए। उसके भाई ही उसका बुरा चाहने वाले हों।

- जातक परेशानियों से घिरकर क्षीण हो जाए और उसकी उम्र घट जाए। ससुराल से धन की हानि हो तथा अपनी पत्नी से सम्बन्धा विच्छेद होगा।
- व्यर्थ के वाद विवाद में धन का व्यय होगा।
- संतान को कष्ट होगा, वह रोग से पीड़ित व आलसी और निकम्मी होगी।

**उपाय -**

- सोच विचार कर तथा बुजुर्गों से सलाह लेकर ही किसी बात का निर्णय ले अन्यथा बा में व्यर्थ ही परेशान होंगे।
- सोने की अंगूठी दाएं हाथ की अंगुली में पहनें तो लाभ होगा।
- ससुराल से सम्बन्ध न बिगाड़ें। पत्नी से स्नेह करें।

## टोटके -

काले वस्त्र धारण करें

- मस्तक पर केसर का तिलक लगाएं।

## लाल किताब के लेखक का मत

- अपने दिमाग का प्रयोग किये बिना दूसरे का हाँ-में हाँ मिलाना उसकी आदत में हागा, जिसके कारण बाद में उसे दुःखी होना पड़ेगा।

- केतु की मंदी हालत में भाईयों से तंग और दुःखी होगा। परदेश में भटकता फिरेगा और उम्र व दौलत की बर्बादी, मुकदमें आदि की लगातार पड़ने वाली परेशानियों की वजह से होगी।

## केतु -चौथा भाव

## शुभ स्थिति

- केतु के चौथे भाव में शुभ होने पर व्यक्ति ईश्वर के प्रति पूर्ण आस्तिक व धैर्य से काम लेने वाला होगा। सबसे स्नेह रखने वाला होगा।
- व्यक्ति आज्ञाकारी, गुरू व पिता का आदर करने वाला उत्तर चरित्र से युक्त होगा। व्यक्ति को जो भी मिलता है वह उसी में सन्तोष करने वाला होगा। चन्द्र व्यक्ति के लिए अत्यन्त शुभ होगा।
- जातक के यदि कन्य हो तो वह भाग्यवान व साक्षात लक्ष्मी का रूप होगी। उसके आत ही घर धन-धान्य से पूर्ण हो जाएगा। वह उच्चशिक्षा प्राप्त कर सर्वगुणों से पूर्ण्ज नेक कार्यो को करने वाली होगी।
- पुत्र आधी उम्र बीत जान पर होगा। स्त्री स्नेहमयी होगी।

## अशुभ स्थिति

- केतु चौथे भाव में अशुभ हो तो जातक अनेक रोगों से घिरा हुआ रहे। माता कष्टकारी जीवन बिताए। संतान बहुत मुश्किल से होगी। संतान को कष्ट होगा।

**उपाय -**

- गुरू से सम्बन्धित वस्तुएं बहुत हुए पानी मं बहाएं अथवा भूमि में दबा दे तो माता को कष्ट से मुक्ति मिलेगी।
- चितकबरे कुत्ते को पाले। केतु का अशुभ फर दूर होगा।
- चाँदी धारण करें।

**टोटके -**

- कन्याओं को मिष्ठान बांटकर उनके पैर छुएं।
- कुत्ते को मीठी रोटी खिलाएं।

  लाल किताब के लेखक का मत

- सन्तान बहुत देरी से पैदा होगी। जो भी कोई बड़े व्यक्ति के आशीर्वाद से या फिर जन्मकुण्डली में गुरू उत्तम हो , मगर सन्तान की तरफ से आशवासन रहेगा। जब लड़का पैदा होगा वो दीर्घायु होगा।
- माता की आयु व धन-दौलत में न्यूवता ही बनी रहेगी, या चन्द्र की सब वस्तुओं का अभाव ही बना रहेगा। मकगर स्वयं की आयु और धन में किसी प्रकार का अभाव देखने को नहीं मिलेगा।

**केतु - पांचवां भाव**

**शुभ स्थिति-**

- पांचवे भाव में केतु के शुभ होने पर व्यक्ति को सनन्तान का सुख उत्तम प्राप्त हो -पहले पुत्र तथा बाद में पोते सुख दें। दो पत्नियाँ होगी जिनसे पुत्र उत्पन्न होंगे।

## अशुभ स्थिति-

- केतु के पाँचवे भाव में अशुभ होने पर व्यक्ति मधुमेह का रोगी होगी। केतु का अशुभ फल मिलें जितने पुत्र हों सब मर जाएं। सन्तान का सुख प्राप्त न होगा।

## उपाय-

- दूध की विक्रय न करें।
- शनि की वस्तुएँ खुले आंगन में रखें।
- गुरू की वस्तुएं दान करें।

## टोटके -

- कौए को मिश्री खिलाएं
- चन्द्र व मंगल से सम्बन्धित वस्तुएं भूमि में दबाने से लाभ मिलेगा।
- काले व सफेद कूत्ते को मीठी रोटी पैंतालीस दिन तक खिलाएं।

लाल किताब के लेखक का मत

- माली हालत में केत का प्रभाव कभी कम नहीं होगा।
- सन्तान के रूप्में कम-से-कम पाँच लड़कों का पिता हागा। यह तभी होगा जब चन्द्र, गुरू या सूर्य कुण्डली के भाव चौथे, छठे या बारहवें में हो। इसी प्रकार शनि सन्तान के सम्बन्ध में कोई कुप्रभाव न देगा। लड़कों की संख्या तथा आयु गुरू (बृहस्पति) पर निर्भर होगी। यदि बढ़ती आयु में आदत और नीयत अच्छी होगा तो लड़कों -पोतों की संख्या और भी बढ़ जाएगी।

# केतु छठा भाव

## शुभ स्थिति-

- केतु के छठे भाव में शुभ होने पर व्यक्ति धनवान हो। शत्रुओं को परास्त कर उन पर विजय प्राप्त करने वाला शक्तिशाली और सुखी होगा।

## अशुभ स्थिति-

- केतु के छठे भाव में अशुभ होने पर व्यक्ति को व्यर्थ की परेशानियाँ मिलें। ननिहाल से सम्बन्ध खराब हों माता का कष्ट होगा।
- शुभ बलवान हो, वृद्धावस्था कष्ट भरी हो। व्यर्थ की यात्राएं करनी पड़ें।

## उपाय -

- कूत्ता पालें, गुरू का उपाय करें।
- हाथ में स्वर्ण धारण करें।

  टोटके -

  कुत्ते को मीठी रोटी माह तक खिलाएं।
- गले में हमेशा काला धागा पहनें।

  लाल किताब के लेखक का मत
- कुण्डली में गुरू जिस हालत में होगा, केतु का प्रभाव भी वैसा ही होगा। वैसे छठा भाव बुध का है जो केतु से प्रभा-वित है।

- अपने भाव में बैठा अकेला केतु उत्तम फल देगा। ऐसी कुण्डली वाला व्यक्ति अपने लिए अच्छा होगा मगर दूसरों पर अपना बुरा प्रभाव देगा

- यदि ऐसा व्यक्ति अंहकार न करे और भगवान का नेक बन्दा बना रहे तो केतु अपनी जगह पर बैठा हुआ शुभ फल देगा।

केतु -सातवां भाव

**शुभ स्थिति-**

- यदि केतु सातवं भाव में शुभ हो तो व्यक्ति धनवान हों। संतान प्राप्ति के बाद भाग्योदय होगा। शत्रुओं पर हावी रहे शक्तिशाली हो।

**अशुभ स्थिति-**

- यदि अशुभ हो तो छठे भाव के अशुभ फल प्राप्त हों। व्यक्ति व्यर्थ की चिन्ता न करने वाला होगा। उसके पास संचित धन थोड़े समय में ही समाप्त हो जाता है। पानी से उसे बहुत डर लगता है। स्त्री और पुत्रादि उससे पीड़ित रहते हैं तथ्जा उसका मन सदा अशान्त रहता है।

**उपाय -**

- सबसे स्नेह से बोलें। झूठ कभी न बोले।
- गुरू से सम्बन्धित वस्तुंए दान करें।
- सफेद वस्त्र कदापि न पहनें।

## टोटके -

मिट्टी के घड़े में सिकरा डालकर उसे जीमन में अजीवन के लिए दबा दें उसे कदापि खोलकर न देखें।

- आटे में उड़द की दाल मिलाकर रोटी बनाकर कुत्ते को खिलाएं।
- कन्याओं को भोजनोपरान्त मिष्ठान खिलाएं और उनके पैर छूकर आशीर्वाद लें।

## लाल किताब के लेखक का मत

- ऐसा व्यक्ति अपने नाम के साथ-साथ अपने माता-पिता का नाम भी ऊँचा करेगा। उसके पैदा होने के बाद दिन प्रतिदिन धन बढ़ेगा।
- किसी वस्तु की कमी न होगी। अन्न के भण्डार उनके घर में लगे होंगे। सब कुछ सामने हो, परन्तु फिर भी दूसरें के सामने रोता रहेगज्। ऐसा उसका कसूर नहीं समझना चाहिए बल्कि यह तो उसकी जन्मजाता प्रवृत्ति पर आधारित है।

## केतु -आठवां भाव
## शुभ स्थिति

- यदि केतु आठवें भाव में शुभ हो तो व्यक्ति अपनी मृत्यु का आभास करने वाला होगा।

  पुत्र अधेड़ावस्था में हो। इससे पूर्व कितनी भी कोशिश करे, न होगा।

**अशुभ स्थिति-**

- आठवें भाव में केतु अशुभ होने पर प्रियजनों से विरह होता है। वो स्वयं कलहकारी और स्वल्पायु होता है। उसे प्राय: शस्त्र से चोट लगती है। और उसके सब उद्योगों में विरोध होता है।
- ऐसा व्यक्ति बवासीर आदि रोग से पीड़ित रहता है।

**उपाय-**

- कानों में सोना पहनें
- चरित्र उज्ज्वल रखें, पत्नी के प्रति वफादार बनें।
- गणेश जी की पूजा करें।

**टोटके -**

- एक सप्ताह तक कात्तो को मीठी रोओ खिलाएं।
- कौवों को सुबह -सुबह दाना खिलाएं।
- काली और वृद्ध गाय की सेवा करें।

**लाल किताब के लेखक का मत**

- जन्मकण्डली के बारहवें भाव में मंगल हो तो केतु का आठवें भाव में कम प्रभाव रहता है।
- जब तक बुध और शुक्र अच्छे, प्रभावशाली हों, केतु का आठवें भाव में कम प्रभाव रहता है।
- जब तक बुधा और शुक्र अच्छे, प्रभावशाली हों, केतु का प्रभाव कम नहीं हो सकता, चाहें ग्रह चाल कुछ भी हो।

- शादी के बाद सन्तान जल्दी उत्पन्न हो या देर से, मगर उसकरी आयु हर हाल में लम्बी होंगी। सत्तर वर्ष से कम तो कभी न होगी।

## केतु -नौवा भाव

### शुभ स्थिति-

- नौवें भाव में केतु शभ हो तो व्यक्ति परिश्रम करने वाला हो। व्यक्ति शक्तिशाली होगा।

  ऐसा व्यक्ति भाईयों में सदैव भय बना रहता है।

### अशुभ स्थिति-

- अशुभ हो तो रोगी होकर मरे।
- चाहे कितना ही बड़ा परोपकारी और दानवीर वह क्यों रहा हो, पर होता हे पाप वृत्ति वाला।
- उसका जीवन बड़ा ही उतार-चढ़ाव वाला होता ब्है।

### उपाय -

- गुरू का उपाय करें।
- कूत्ता पालें।
- काले वस्त्र पहले। कानों में (स्वर्ण) का पतरा दबाएं।

### लाल किताब के लेखक का मत

- बहादुर और वफादार होगा। हस्तशिल्प से धन कमाएगा। तरक्की करना उसके भाग्य में होगा अगर केतु का प्रभाव उत्तम रहा। यह गुण उसकी सन्तान में भी होगा।

- यदि ऐसा व्यक्ति मेहनत से पीछे न रहेगा, तो अवश्य ही धनवान होगा।
- परदेश में जाकर काम -धन्धा करना अधिक पसन्द करेगा।
- सोना घर में रखने पर कारोबार में वृद्धि होगी तथा केतु के कुप्रभाव को नष्ट करेगा।

## केतु - दसवां भाव

### शुभ स्थिति-

- दसवें भाव में केतु शुभ हो तो व्यक्ति भाग्यशाली होगा।
- कष्टमय जीवन व्यतीत करेगा।

### अशुभ स्थिति-

- दसवें भाव में केतु शुभ हो तो व्यक्ति भाग्यशाली होगा
- कष्टमयी जीवन व्यतीत करेगा।

### अशुभ स्थिति-

- दसवें भाव में केतु अशुभ हो तो मनहूस हागा।
- ऐसे व्यक्ति को पिता का सुख न के बराबर मिलेगा।

### उपाय -

- चरित्र का शुद्धिकरण ऐसे व्यक्ति के लिए अनिवार्य हे
- किसी भी स्त्री को दूषित दृष्टि से नहीं देखें।

## टोटके -

- चाँदी की परात (थाली) में शहद और चावल भरकर रखें।
- मिट्टी के करवे में शहद भरकर भूमि मि दबाएं।
- घर में कुत्ते पालन से केतु शुभ फलदायी होता है।

## लाल किताब के लेखक का मत

- अपनी समझ से अपने रास्ते पर लगातार आगे बढ़ता जाने वाला होगा।
- धनवान होगा, मिट्टी से भी सोना प्रापत करेगा।
- किसी पराई स्त्री पर दूषित दू _ ष्टि डालने से अवश्य ही उसका नाश होगा।
- ऐसा व्यक्ति यदि अड़तालीस वर्ष की आयु के बाद मकान बनाए तो शुभ होगा,मगर इस आयु से पहले मकान बनाना भी चाहेगा तो नहीं बना पाएगा।

## कतु-ग्यारहवां भाव

## शुभ स्थिति-

- केतु ग्यारहवें भाव में शुभ हो तो धन- सम्पत्ति अर्जित करे।
- ऐसा व्यक्ति भाग्यवान, विद्वान, उत्तम गुणों से भूषित तथा तेजस्वी होता है। सभी कार्यो से उसे सिद्धि मिलती है।

## अशुभ स्थिति-

- केतु के ग्यारहवें भाव में अशुभ होने पर व्यक्ति आलसी होता है।

- उसकी सन्तान अभागी होती है।
- उसे उदर रोग से पीड़ित रहना पड़ता है।

**उपाय-**

- गुरू का उपाय करें।
- बन्दर को गुड़ खिलाएं
- उड़द न खाएं।
- महाकाली व भैरव की उपासना करें।

**टोटके -**

- ग्यारह मूली गरीबों को दान करें।
- मकान के दरवाजे के दायीं ओर नीम का पेड़ रेपें।
- कुत्ते को प्रतिदिन मीठी रोटी खिलाएं।
- पन्ना अथवा मूंगा अनामिका अंगुली में पहनें।

**लाल किताब के लेखक का मत**

- व्यक्ति की पिछली दशा बहुत अच्छी रही, इसलिए हमेशा आगे का ध्यान रखना होगा।
- पूर्वजों की सम्पत्ति या धन इतना होगा कि आयु बिना कुछ किए ही गुजर जाए, परन्तु कुछ किए बिना गुजारा न होगा।
- मकान व धन दोनों की उनन्नत्ति न होगी, मगर पत्नी कां कुण्डली में शनि का कुप्रभाव होने पर केतु कभी मन्दा न होगा।

- पुत्र, पोता की पैदाईश पर व्यक्ति की पत्नी या माता की नेत्रों की ज्योति में फर्क आ जाएगा।
- ऐसा व्यक्ति यदि किसी शुभ कार्य करने जा रहा है और उसे किसी नेगेपे से आवाज लगा दी तो अशुभता की निशानी समझें।

**केतु - बारहवां भाव**

**शुभ स्थिति-**

- केतु बारहवें भाव में शुभ हो तो व्यक्ति धनवान, सम्मानित और ऊँचे पद पर

  आसीन होगा।
- श्रेष्ठ कार्यों में उसका धन व्यय होगा।
- मुकबमें आदि में शत्रुओं के विरूद्ध उसकी जीत होगी।

**अशुभ स्थिति-**

- केतु बारहवें भाव में अशुभ होने, पर व्यक्ति अपने सन्तान के लिए कष्टकारी होगा।
- ऐसा व्यक्ति चंचल, बुद्धिमान, ठक, धोखेबाज तथा सभी लोगों पर सन्देह करने वाला होता है।
- ऐसा व्यक्ति गुप्तेद्रिय तथा नेत्रों की पीड़ा से व्यथित रहता।
- ऐसा व्यक्ति गुप्त रूप से पापी कृत्य करता है और दुष्ट कार्यों में धन का व्यय करता है।

  इस प्रकार ऐसे व्यक्ति प्राय: अपना धन नष्ट कर देते हैं।

## उपाय-

- गणेश की उपासना करें।
- चरित्र हमेशा शुद्ध रखें।
- राहु का उपाय करने से सन्तान के कष्ट दूर हों।

## टोटके -

- काले तिल, के लड्डू बनाकर बांटें।
- कात्ता पाले ती उसे शहद मिला दूध पीने को दें।
- तलैंतालीस वर्ष की आयु से पहले जमीन न खरीदें।

## लाल किताब के लेखक का मत

- ऐसा व्यक्ति धनवान परिवार से स्मबद्ध होगा और जायदाद का मालिक होगा।
- गृहस्थी के सुख में सब तरफ शुभ ही शुभ होगा।
- तरकक्की और प्रसिद्धि वाला होगा।
- धन और स्वास्थ्य में कोई कमी न होगी।
- सन्तान पर राहु का कुप्रभाव होने पर राहु का उपाय सहायक होगा।

www.ingramcontent.com/pod-product-compliance
Lightning Source LLC
LaVergne TN
LVHW041154150826
845673LV00001B/159

*9798895198087*